Antike Architektur im Bild

ANTIKE ARCHITEKTUR IM BILD

Herausgegeben von
Wolf-Dieter Heilmeyer

PETER LANG
Europäischer Verlag der Wissenschaften

Die Deutsche Bibliothek – CIP Einheitsaufnahme

Antike Architektur im Bild / Wolf-Dieter Heilmeyer (Hrsg). – Frankfurt am Main ; Berlin ; Bern ; Bruxelles ; New York ; Wien : Lang, 1999
ISBN 3-631-35281-6

Nachweis:

Mit freundlicher Genehmigung des Gebr. Mann Verlag Berlin wurden die Tafeln 4a, 5, 8, 9, 10, 11, 12, 13, 14, 16, 19, 20 aus Krischen: Die Griechische Stadt, Berlin (1938) und die Tafeln 18, 21 aus Krischen: Antike Rathäuser, Berlin (1941) entnommen.
Tafel 33 wurde entnommen aus Grunauer: Der Zeustempel von Olympia, Ostseite, in: Bonner Jahrbücher (1971) mit freundlicher Genehmigung des Rheinischen Landesmuseum Bonn.

Umschlagbild, Tafel 1-3, 4b, 24-26 mit freundlicher Genehmigung von W. Hoepfner/Berlin, Tafel 28-32 von M. Korres/Athen.
Alle übrigen Staatliche Museen zu Berlin.

ISBN 3-631-35281-6

Einführung

Antike Kunst ist in vielem ein Vorbild für die spätere europäische Kunst gewesen, aber nirgendwo so beispielhaft wie in der Architektur. Schon das Wort Architektur ist aus dem Griechischen über das Lateinische zu uns kommen. Es vereinigte ursprünglich die theoretische kunstgeschichtliche Baukunst mit der praktischen am Werkplatz: der Leiter der Bauleute, der Architekt, war auch der Urheber des Bauwerks. Die Bauleute, Tektones, waren diejenigen, die in der griechischen Frühzeit etwas "fügen" konnten: Schiffe, Türen und Dachstühle aus Holz. Griechische Architektur hat seit dem 7. und 6. Jh.v.Chr. weltgeschichtliche Bedeutung aber durch ihr Steingefüge erlangt: Die Wände ganz aus Quadern, Säulen und Gebälk aus Stein, möglichst auch Deckenkassetten, Dachränder und Dachziegel aus Marmor. Die Probleme der Auswahl der Steine im Steinbruch, ihrer Eignung am Bau, der Statik und Gewichtsverteilung wurden durch Erfahrung gemeistert. Formale Akribie und perfekte Arbeitsorganisation waren im 5. Jh.v.Chr. erreicht, akademische Reflexionen und Kommentare, Anleitungen zum richtigen Bauen in Stein waren im 4. Jh.v.Chr. bereits üblich.
Wer zu fügen verstand, wußte das an vielen Orten Griechenlands unmittelbar beim Bauplatz vorhandene Steinmaterial so aufzuschichten, daß ein Dach darüber gelegt werden konnte. Das richtige Fügen polygonaler Steine war schon seit vorgeschichtlicher Zeit zu sehen, das Schichten regelmäßiger Quadern bei den Großbauten Ägyptens erprobt. Griechische Wände des klassischen Gliederbaus bestanden aus sorgfältig im Wechsel verlegten und miteinander verklammerten 'Läufern' und 'Bindern'. Griechische Säulen waren aus einzelnen miteinander verdübelten Trommeln, Basis und Kapitell aufgebaut, von Architravbalken Joch um Joch überspannt und im Gebälk fest mit den dahinterstehenden Mauern verbunden. Das Gebäude war mit all seinen Gliedern derart verzahnt und verklammert, daß erst bei schweren Erdbeben die einzelnen Teile aus den Fugen geraten konnten. Zu seinem einheitlichen Erscheinungsbild trug bei, daß es aus Steinen aufgerichtet wurde, die an den Außenflächen noch nicht endgültig bearbeitet waren. Als letztes wurde das Ganze von oben nach unten geglättet, d.h. mit einer einheitlichen, später zu Teilen noch farbig gestalteten Oberfläche versehen.
Aus dem Orient waren den Griechen und Römern auch Ziegel als Baumaterial mit all den Vorteilen bekannt, die ihre Produktion in Norm und Serie brachte. Sonnengetrocknete Lehmziegel nahm man in der Regel für die Wände und ge-

brannte Ziegel überall da, wo jene durch Regen zu schnell verwittert wären, zum Beispiel am Dach. Aber erst die Einbindung gebrannter Ziegel in die betonartige Caementa-Masse, die seit dem 2. Jh.v.Chr. zuerst in Italien, dann im Westen und schließlich fast überall im römischen Reich verwendet wurde, hat den typischen römischen Gewölbebau als Gegenpol zum griechischen Gliederbau entstehen lassen. Dabei ist das Gußmauerwerk auch mit Bruchsteinen als Schalung herzustellen gewesen und der Gliederbau bei Theater- und Tempelfassaden oder Säulenhallen auch in der Kaiserzeit weitergeführt worden; der Gegensatz ist also historisch nicht so schroff. Und doch stehen die Marmorglieder des Haupttempels der Athener, des Parthenon auf der Akropolis von Athen, auf der einen Seite unseres imaginären Bildes der antiken Architektur und die Ziegelwände der Rotunde des besterhaltenen römischen Tempels, des Pantheon auf dem Marsfeld in Rom, auf der anderen Seite. Sie sind ja auch die eindrucksvollsten Zeugen der körperhaft aus dem Stein aufgebauten und der raumhaltig über Gerüsten gegossenen Architektur und insofern die gesuchten Muster der weit mehr als tausendjährigen antiken Kulturentwicklung für alle sich auf sie beziehenden späteren Epochen.

Solche vereinfachende Suche nach Mustern geht über die Tatsache hinweg, daß die antike Architektur eine unmittelbare Auseinandersetzung der antiken Menschen mit der sie umgehenden Natur war und insofern abhängig von ihrem jeweiligen Naturverständnis und von ihrer jeweiligen Arbeitsorganisation. Daher sind die ersten Leistungen der griechischen Architekturgeschichte keine Einzelbauten, sondern das Beieinander mehrerer Bauten im Heiligtum, oder ganze Stadtbilder: das Zusammen-Siedeln in der Stadt brachte den zivilisatorischen Umbruch der sogenannten 'geometrischen Zeit'. Das größte uns bekannte zusammenhängende Bauwerk der Griechen im 8. Jh.v.Chr. war die Stadtmauer von Smyrna in Kleinasien.

Die Siedlungsformen der Zeit von etwa 1000-600 v.Chr. waren verschieden. Wo man sich in oder über älteren Siedlungen eingerichtet hatte, wie in Kreta, saß man in einem dichten Siedlungskonglomerat, aber eigentlich bevorzugte man die lockere Einzelhaussiedlung in Stein – wo dieses Material anstand – oder in Holz, soweit man im Norden und Westen Griechenlands geschlossene Siedlungen überhaupt nachweisen kann. Im Unterschied zu späteren Religionen wie der christlichen trafen sich in Griechenland nur kleinere Gemeinschaften in geschlossenen Räumen: die großen Kulte fanden jedoch im Freien statt, der Brandopferaltar stand in der Regel vor dem Gotteshaus. Dem Tempel war daher von Anfang an die Aussonderung und etwas Monumentales zueigen. In den ältesten Siedlungen trat er als das größte Haus hervor, bald erhielt er einen Säulenkranz, der ihn von allen umgebenden Bauten trennte, und erst vorne, dann auf beiden Schmalseiten einen Giebel, der ihn vor allen anderen Bauten auszeichnete. Genaueres Hinschauen zeigt, daß auch auf diesem Entwicklungsweg eine große Vielfalt nebeneinander möglicher Einzelformen bestand. Unter den archaischen Großbauten traten jedoch bestimmte Gründerbauten als Bezugspunkte hervor.

So setzten sich die griechischen Bauformen durch: dorisch war, wie der Apoll in Delphi wohnte (oder in Korinth), ionisch war, wie man der Artemis in Ephesos den großen Tempel ausgeschmückt hatte.
Erst im 6. Jh.v.Chr. begann man, alle Bauten, die als Gemeinschaftsaufgaben angesehen werden konnten, mehr und mehr in Stein zu errichten. Das war in einem Land, in dem Marmor häufig ist und sich oft nahe am Wasser (also dem Transportweg) findet, auch naheliegend. Die dazu nötigen Anstrengungen brachten bald eine für uns fast unfaßliche Detailgenauigkeit, aber auch die klassische Typendifferenzierung hervor. Stadtmauer und Tor, Tempel und Haus, Theater, Stadion, die Turn- und Erziehungsgebäude (Palästra und Gymnasion), die Versammlungs- und Verwaltungsgebäude (Bouleuterion und Prytaneion), die Markthallen, selbst die Gräber und Grabbezirke wurden in vorbildhaften Formen erstellt und abgewandelt wiederholt. Auch die ganze Stadtanlage mit Wohnquartieren, Hauptstraßen und Markt sowie dem Platz für die öffentlichen Bauten wurde neu durchdacht: das 'hippodamische System' der Rasterstadt entstand.
Die Klassik zielte darauf, vorbildliche Formen zu schaffen, die etwas Endgültiges hatten, ohne den kommenden Entwicklungsweg einzuschränken. Kenntnis der Regel stand dabei höher als treue Kopie; noch war das Hand-Werk am Gelingen des Entwurfs beteiligt. Die Klassik kannte aber auch eine erste Fachliteratur, und in Schriften wie denjenigen des Architekten Pytheos um die Mitte des 4. Jhs.v.Chr. müssen wir Regelwerke erkennen, die noch in der römischen Kaiserzeit gelesen wurden. Er schrieb über seine wichtigsten Bauten, das Weltwunder des Maussolleion von Halikarnassos und den Athenatempel von Priene, und dasselbe hören wir über seinen hellenistischen Nachfolger Hermogenes in Bezug auf den Artemistempel von Magnesia. Vor den beiden rekonstruierten Säulenjochen von Priene und Magnesia im hellenistischen Saal des Pergamonmuseums würden wir allzu gerne ein Wort dieser Schriften oder eine Zeichnung daraus vergleichen, doch sind sie verloren. Geblieben ist das Fragment aus Stein und alles das, was sich später auf das Vorbild bezogen hat – im Fall von Priene bis zu K.F. Schinkels Kapitellen der Säulenvorhalle des Alten Museums in Berlin.
Der hellenistischen Vielfalt im Gliederbau, bei dem die klassische Typologie von Königen und einzelnen Stiftern – der neuen Gesellschaftsordnung folgend – konkurrenzhaft differenzierend oder ins Überdimensionale gesteigert ausgefüllt und erweitert wurde, antwortete die römische Architektur und die römische Bauorganisation. Mediterranes Bauen und das technische 'know how' dazu verbreiteten sich bis an die Grenzen des römischen Reichs von Großbritanien bis an den Sahararand. Die korinthische Ordnung mit ihrem Blattwerk an Kapitellen und Friesen setzte sich vor der ionischen und dorischen durch. Römische Ästhetik verstand die dorische Ordnung als männlich, die ionische als weiblich und die korinthische als von "jungfräulicher Zartheit" (Vitruv). Alle drei Ordnungen konnten an römischen Fassaden auch übereinander stehen und verbunden sein mit einer vierten, die das

'Kompositkapitell' aus korinthischen und ionischen Elementen verwendete.
Bauwerke werden benutzt, verändert, ergänzt, umgebaut, eine Zeitlang ausgebessert, dann abgerissen und in ihren verschiedenen Materialien wiederverwendet. Das gilt für Großbauten ebenso wie für Wohnhäuser und ganze Stadtanlagen, es gilt für die antike Architektur ebenso wie für alle neuzeitliche. Hat die ältere archäologische Wissenschaft die aus der Antike erhaltenen Zeugnisse zuerst nach den klassischen Vorbildern untersucht, so beschreibt die neuere auch ihre Veränderungen, ihre Nutzungsgeschichte und ihren Verfall. Schon die Antike kannte eine Art Denkmalpflege und der vielfotografierte Stadiontunnel in Olympia ist ein Beispiel dafür. Aber seit dem Ende der Antike standen doch nur noch ihre größten steinernen Zeugen aufrecht, und für die Romanik und die Renaissance waren es vor allem die wenigen erhalten gebliebenen Gewölbebauten und Marmordekorationen der Stadt Rom, die Vorbild für neues Bauen sein konnten.
Dennoch standen und stehen bis in unsere Zeit in allen von Griechen besiedelten und allen später zum römischen Reich gehörenden Gegenden noch antike Ruinen mehr oder weniger aufrecht. Andere Bauten lassen sich aus den zusammengebrochenen Trümmern in den Ausgrabungen rekonstruieren. Seit der Frührenaissance halfen Zeichnungen, später auch Modelle, sich das antike Aussehen der Bauten vorzustellen und den wortreichen Beschreibungen Anschauung zu geben; seit dem 19. Jahrhundert ist für die Bestandsaufnahme die Fotografie hinzugetreten. Vor allem bedient man sich stets der Zeichnung, um zu einer exakten Bauaufnahme des Erhaltenen zu kommen. Es handelt sich um mit Maßen versehene oder nachmeßbare Architekturstudien, meist von Details, oft skizzenhaft, aber oft auch von wunderbarer Präzision. Den Architekturabhandlungen wurden solche Zeichnungen als Kupferstiche beigegeben. Daneben hatten schon früh Bauskizzen geholfen, einen Befund in seiner Umgebung festzuhalten. Daraus sind die zahllosen Reiseveduten geworden, die – als Bücher gebunden oder als einzelne Stiche, auch als Gemälde – dem Gedächtnis einen Platz, ein Monument, einen Eindruck des Verfalls bewahren konnten. Künstlerische Visionen von Ruinenlandschaften, Raumaufbau und Steingefüge traten neben die genaue Detailvermessung der antiken Bauten. Schließlich vereinigten sich Architekturstudien und Bauveduten unter dem Wunsch nach einer genaueren Vorstellung des antiken Ganzen zu Rekonstruktionen, bei denen die Fragmente ergänzt, die Lücken geschlossen, die antike Ansicht mit künstlerischen Mitteln nachgeschöpft wurde. Solche zeichnerischen Panoramen stehen den Historiengemälden nahe, die im 19. Jahrhundert einen vermeintlich einfachen Weg in die Antike vermitteln sollten.
Vermutlich aus der berechtigten Scheu vor der 1:1-Rekonstruktion der Originale sind Beispiele antiker Architektur zunächst nur als aus dem Zusammenhang genommene Teile in Museen und Sammlungen gekommen: ein Kapitell, ein Säulenschaft, eine Basis oder ein Rundaltar. Um die Mitte des 19. Jahrhunderts bemühte man sich im Neuen Museum in Berlin (also parallel zur Historienmalerei) um die Rekon-

struktion eines ganzen (fingierten) "ägyptischen Hofs". Aber erst im 20. Jahrhundert hat zunächst der Sammeleifer, dann die Einsicht in den zunehmenden Verfall der Monumente im Freien dazu geführt, antike Architekturen in größerer Zahl und in größeren Ausmaßen unter Museumsdächern wiederaufzubauen. Dem Berliner Pergamonmuseum, das in den 20er Jahren eingerichtet wurde, kommt dabei sicher eine Schlüsselrolle zu.

Schon im kleineren Vorgängerbau des jetzigen Pergamonmuseums, der von 1901-1909 an derselben Stelle stand, waren außer der Rekonstruktion eines Drittels des Pergamonaltars zur "richtigen" Unterbringung des Großen Frieses in einem eigenen Mittelsaal eine größere Zahl von originalen Architekturfragmenten aus den gerade so spektakulär verlaufenden kleinasiatischen Ausgrabungen der Berliner Museen und eine Reihe von Nachbildungen im Maßstab 1:1 zu sehen. Das wurde unter der Leitung von Theodor Wiegand (1864-1936) in den 20er Jahren in den drei zentralen Sälen des damals im Bau befindlichen Pergamonmuseums wiederholt, das 1930 eröffnet wurde. Außer der kompletten Rekonstruktion der Treppenseite des Pergamonaltars zogen unter anderem ein: ein Joch des klassischen Athenatempels von Priene und ein Joch des hellenistischen Artemistempels von Magnesia, die Front des Zeustempels von Magnesia, zwei Ecken des Rathauses von Milet und die Front des Eingangsbaus des Athenaheiligtums von Pergamon im hellenistischen Saal; das gesamte Markttor von Milet, ein Joch des großen Hofs des Tempels von Baalbek, eine Ecksäule sowie ein Teil der Hofhalle des Trajaneums von Pergamon im römischen Saal. Ein Teil der Aufbauten wurde völlig in modernen Materialien nachgebildet, bei einem Teil sind wenige antike Fragmente einbezogen (so zum Beispiel beim Pergamonaltar), nur wenige sind original (wie der größte Teil des Markttors von Milet). Die Räume für dieses Architekturmuseum sind trotz der ursprünglich leicht bläulichen Wandfarbe von großer Nüchternheit. Das Oberlicht wirkt natürlich, aber recht diffus und oft zu schwach. Schwieriger ist, daß die Teilrekonstruktionen für das unvermittelt damit konfrontierte Publikum schwer verständlich sind. Den Nachbildungen im Maßstab 1:1 fehlt der Reiz der Ruine, den daneben aufgestellten originalen Fragmenten der Zusammenhang des Trümmerfeldes. Die museale Präsentation der Probenauswahl vermittelt – besonders im hellenistischen Saal – in der Fläche den Eindruck eines Architekturhandbuchs und im Raum den Anklang an Kollagen des gleichzeitigen Dadaismus.

Seit der Zeit der großen deutschen Ausgrabungen in Kleinasien hat man daher auch an zeichnerische Rekonstruktionen gedacht. In diesem Album wird eine Auswahl zum besseren Verständnis der Architektursäle des Pergamonmuseum vorgelegt. Alle sind schon früher in Ausgrabungspublikationen, Museumsführern oder zusammenfassenden Werken veröffentlicht worden. Einige stammen aus neuerer Zeit und geben Stadtbilder oder Bauvorgänge von Orten wieder, die nicht im Pergamonmuseum vertreten sind.

Auch Architekturzeichnungen unterliegen Moden, Stilrichtungen und den Veränderungen der wissenschaftlichen Fragestellungen. Die älteren Beispiele in unserem Album (Zeichnungen und/oder Aquarelle) sind die Rekonstruktion der Stadt Priene von A. Zippelius 1908 (Taf. 2) und diejenige der Ostfront des Apollontempels in Didyma von G. Niemann 1912 (Taf. 27) – sie atmen noch den Geist der Panoramen des späten 19. Jahrhunderts, und ihnen läßt sich die Darstellung des Markttores von Milet (Taf. 38: M. Bühlmann 1923) bis zur Art der menschlichen Figuren und des Durchblicks anschließen. Der größte Teil der weiteren Zeichnungen (Taf. 4a. 5-21. 23. 34. 35) stammt von dem Architekturhistoriker Friedrich A. M. Krischen (1881-1949), der durch Theodor Wiegand 1908 an die Berliner Museen und die Grabungsstätten kam; er war 1928 auch an der Einrichtung des Pergamonmuseums beteiligt. Ihm und seinen Schülern an der Technischen Universität Danzig verdanken die Berliner Museen und ihre Besucher sowie die Wissenschaft eine große Zahl hervorragender Rekonstruktionszeichnungen zu architektonischen Befunden, Blicke in antike Heiligtümer und Städte, die zugleich sachlich richtig und überragend anschaulich sind. Leider sind die Originale dieser Zeichnungen verloren und teilweise nur aus den verkleinerten Andrucken alter Museumsführer zu wiederholen (z.B. Taf. 16. 23. 38). Ihre Entstehungszeit ist am harten Strich, an einem die antiken Dimensionen betonenden Standpunkt und an der nüchternen Leere der Plätze als die der "neuen Sachlichkeit" und ihrer Folgen zu erkennen; das ist zugleich die Zeit der Einrichtung des Pergamonmuseums.

Armin von Gerkan (1884-1969) war, so sagt man, ein Freund von F. Krischen; auch er kam 1908 zu Wiegand und dessen Grabungen, auch er war in den 20er Jahren für das Pergamonmuseum tätig, auch er begleitete seine Publikationen gerne mit feinen Rekonstruktionszeichnungen von weitem Blick (Taf. 22). Es war eine ganze Generation von Bauforschern, die unter der Führung von Theodor Wiegand Publikationen von größter Detailgenauigkeit über solche Zeichnungen mit Anschauung versahen (Taf. 36.37). Ihre Schüler, unter denen Friedrich Krauss (1900-1977) herausragt, der 1941 wiederum am Pergamonaltar tätig war, vermittelten diese Ansprüche an die nächste Generation weiter (Taf. 33). Waren die berühmten Zeichnungen der 20er und 30er Jahre, die inzwischen in viele Handbücher übernommen worden sind, gewissermaßen Schautafeln eines aus den Ruinen ablesbaren, aber bereinigten großen Ganzen, so traten in der 2. Hälfte unseres Jahrhunderts analytische Zeichnungen hinzu, die einen bestimmten Zustand im Entstehungs- und Lebensablauf der Monumente darstellen. Werkprozesse oder Funktionen von Architektur kommen ins Bild. Dazu zählen unter anderem die Rekonstruktionen klassischer Typenhäuser (Taf. 3. 4b) und die darauf aufbauenden neuen großen Städtebilder, die unter der Leitung von Wolfram Hoepfner entstanden sind (Taf. 1. 26). Dazu zählen auch die phasenanalytischen Zeichnungen von Manolis Korres zu den Bauvorgängen und Zerstörungen am Parthenon in Athen (Taf. 32) und vor allem seine vielen, mit größter Sicherheit und oft überraschend aufschlußreicher Perspektive gegebenen Darstellungen von antiken Werkleuten an der Arbeit: davon geben wir mit seinem Einverständnis einige hier als Proben (Taf. 28-31), wie ja auch nicht viel anders an den Baustellen in Priene, Magnesia, Milet oder Pergamon gearbeitet sein wird.

Fotografie und Zeichnung sind unerläßliche Grundlagen archäologischer und kunstwissenschaftlicher Arbeit. Sie folgen unserem Blick, aber sie lenken auch unseren Blick. Die Rekonstruktionszeichnungen dieses Albums sind Frucht unendlich detailreicher Berechnung und Einfühlung. Sie sind von ihren Schöpfern und deren Fragen an die Antike abhängig. Aber davon können wir uns auch lösen und uns mit ihnen erneut an die Rekonstruktion einer ferner Welt begeben und an die Einsicht von deren Bewältigung durch Planung, Arbeit und guten Willen.

1. Die Stadt Priene, wie sie im 4. Jahrhundert vor Christus geplant war.

Priene ist eine griechische Stadt im Mäandertal, die im 4. Jh.v.Chr. völlig neu angelegt wurde, aber nach einer gewissen Blüte im Hellenismus bereits seit der Kaiserzeit wieder verfallen ist. Die Ausgrabungen der Berliner Museen 1895-99 konnten daher eine griechische Musterstadt freilegen, die nach klassischem Grundriß angelegt ist. Stadtmauer und Straßennetz, Raum für die öffentlichen Gebäude und die Reihung ursprünglich gleichgroßer Häuser bestimmten von der Gründung an das Stadtbild. Eine Hauptstraße lief vom Westtor aus (links) schnurgerade über den Marktplatz durch die Stadt und erreichte rechtwinklig umbiegend das Osttor (rechts oben). So steil das Gelände teilweise auch war, alle Nebenstraßen waren ohne Rücksicht auf die Höhenlinien in gleichen Abständen angelegt. Nach einem ähnlichen Raster war hundert Jahre vorher das klassische Milet entstanden, das in Sichtweite gegenüber an der Südseite der Mündungsbucht des Mäander lag. Man nennt den regelmäßigen Stadtplan, der bis heute besonders bei Neugründungen beliebt ist, das "hippodamische System" nach dem Stadtbaumeister Hippodamos von Milet (5. Jh.v.Chr.).

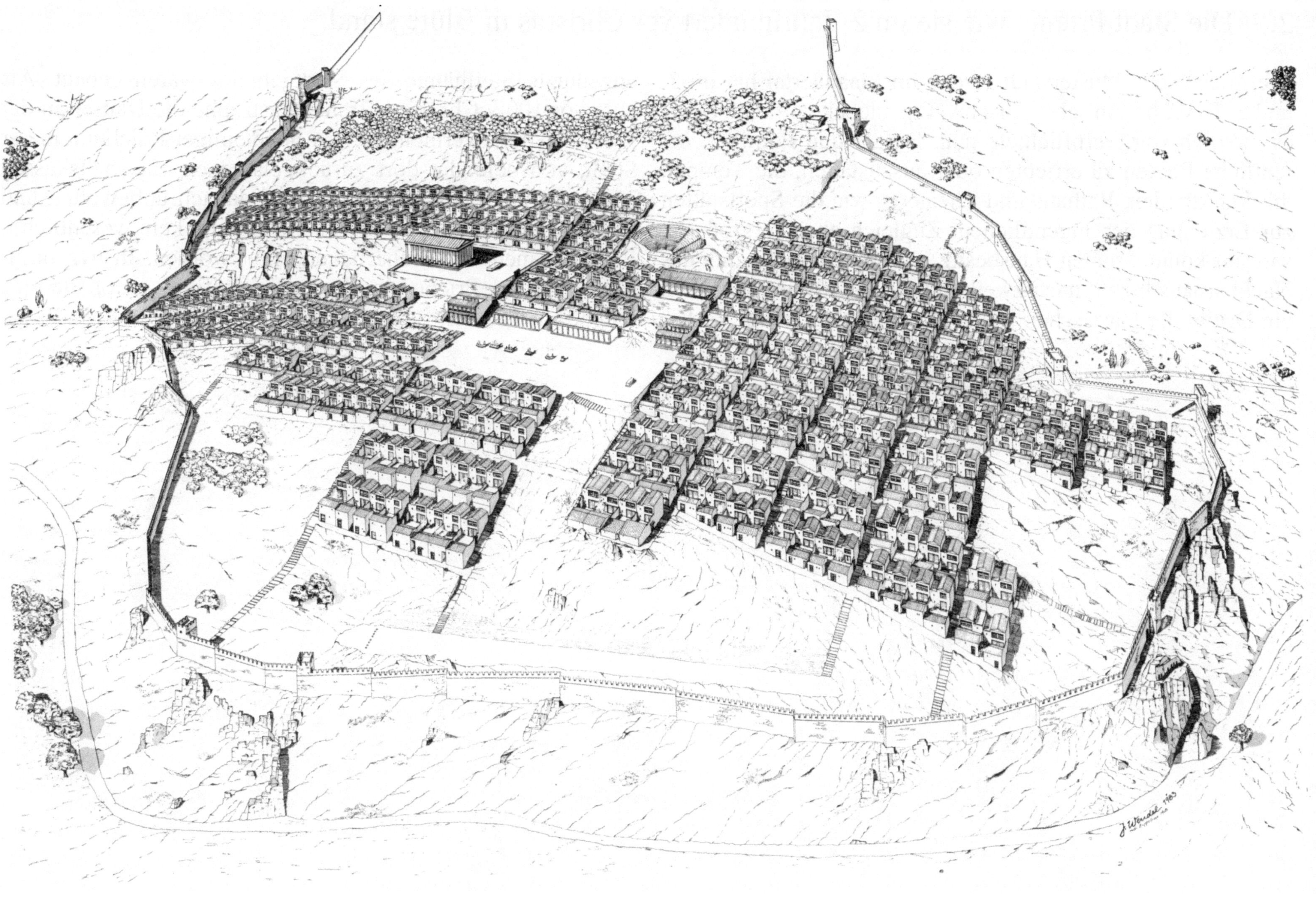

2. Die Stadt Priene, wie sie im 2. Jahrhundert vor Christus in Blüte stand.

Die griechische Musterstadt Priene im Mäandertal hat im 3. und 2. Jh.v.Chr. ein sehr typisches Eigenleben entfaltet. Sooft es möglich war, verpflichtete man Bürger und Politiker, öffentliche Bauten zu errichten oder auszustatten, die Tempel, die Markthallen, Rathaus und Theater sowie die Sportstätten zur Erziehung der Jugendlichen. Zugleich aber vergrößerte, wer nur konnte, seinen Hausbesitz, riß Mauern ein, nahm das Nachbarhaus hinzu: nach zweihundert Jahren stand nur noch ein Drittel der klassischen Häuser in der alten Größe. Vorher ungenutzte Steilhänge des Stadtgebietes waren bebaut. Als kurz vor 100 v.Chr. eine Brandkatastrophe die Häuser an der Westtor-Straße vernichtete, war noch einiger Reichtum in der Stadt, von dem die dort zurückgelassenen Haushaltskassen künden. Doch blieb das Stadtviertel danach unbewohnt, und in der kommenden Kaiserzeit ist überhaupt kein wesentliches Bauwerk mehr in Priene neuerrichtet worden. In byzantinischer Zeit war Priene ein kleiner Bischofssitz und hatte eine Kirche am Theater.

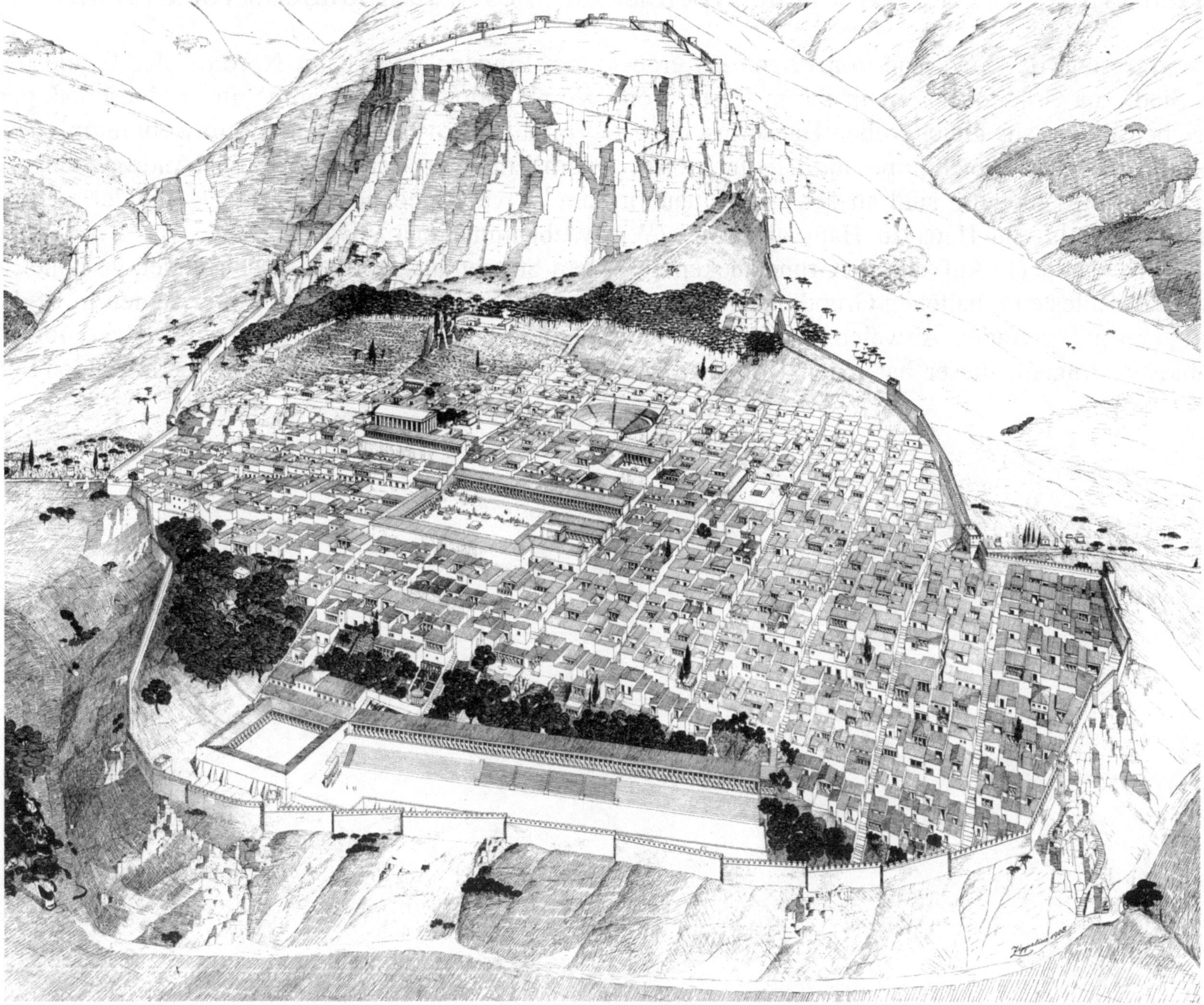

3. Eine Häuserinsel in Priene mit acht Typenhäusern des 4. Jahrhunderts vor Christus.

Die genaue Vermessung des Stadtplan von Priene hat ergeben, daß die Stadt zur Gründungsszeit in ihrem Raster von Haupt- und Nebenstraßen aus gleichgroßen Häuserinseln bestand. Jede Insel hatte acht "gleichgroße und handtuchförmige Grundstücke. Völlig eindeutig sind an den Außenmauern die Fugen des Wechsels von Haus zu Haus ablesbar" (W. Hoepfner-E.L. Schwandner). Auf diesen Grundstücken ließen sich anhand der ältesten erhaltenen Grundmauern Häuser rekonstruieren, die mit geringen Abweichungen einem und demselben Haustyp folgten: dieser hat einen Hof mit eigenem Eingang und ist im Nordteil des Grundstücks von der Kombination dreier Räume im Erdgeschoß geprägt, einer Vorhalle (Prostas), einem Hauptwohnraum (Oikos) und einem Empfangs- oder Festraum (Andron); angeschlossen ist ein zu verschiedenen Zwecken genutzter Nebenraum (Bad, Webkammer o.ä.). Die Vorhalle war – mit verschiedenartigen Stützen ausgebildet – nach Süden gerichtet, über ihr befand sich eine Loggia. Im Winter schien in beide die tiefstehende Sonne herein und wärmte das Haus, im Sommer wurden beide verschattet von der höher stehenden Sonne.

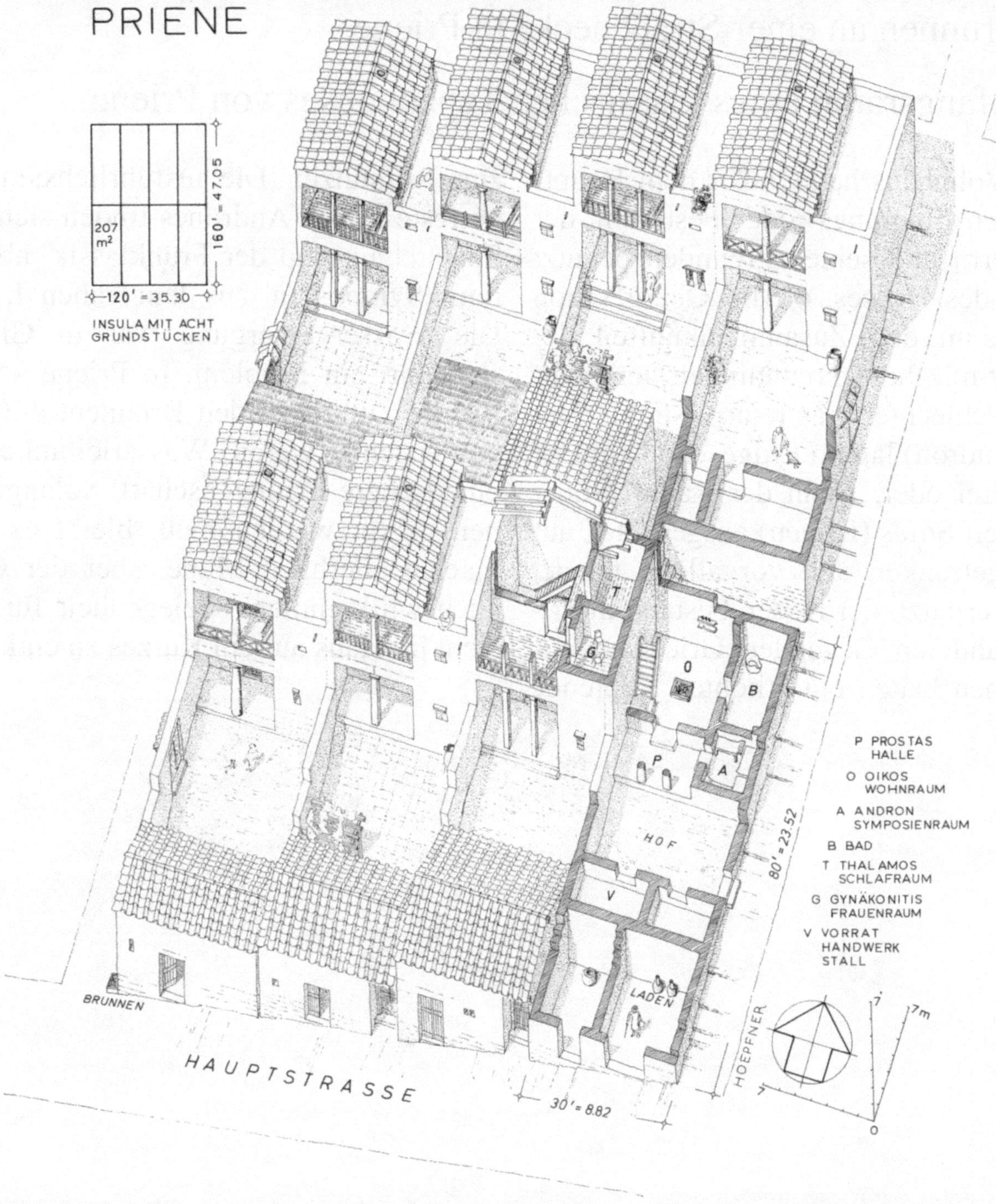
PRIENE
207 m²
160' = 47.05
120' = 35.30
INSULA MIT ACHT GRUNDSTÜCKEN
P PROSTAS HALLE
O OIKOS WOHNRAUM
A ANDRON SYMPOSIENRAUM
B BAD
T THALAMOS SCHLAFRAUM
G GYNÄKONITIS FRAUENRAUM
V VORRAT HANDWERK STALL
HOF
LADEN
BRUNNEN
HAUPTSTRASSE
30' = 8.82
80' = 23.52
7m
HOEPFNER

4a. Hellenistischer Brunnen an einer Straßenecke in Priene.

4b. Blick in den Empfangsraum eines klassischen Typenhauses von Priene.

Das normale griechische Wohnhaus hatte außer dem Hauptwohnraum der Familie einen Empfangs- oder Festraum, der hauptsächlich vom Hausherrn und seinen Freunden benutzt wurde. Ein anderer Raum des Hauses, oft im Obergeschoß gelegen, war als Frauenraum den Zusammenkünften der Hausfrau und ihrer Töchter mit ihren Freundinnen vorbehalten. Die Trennung der Geschlechter war relativ streng. Der Festraum des Hausherrn (Andron) lag im Erdgeschoß am Hof und war mit mindestens drei oder, wenn der Raum größer war, mit sieben, neun oder elf Sofas (Klinen) ausgestattet, auf denen liegend gegessen, getrunken und vor allem geredet wurde. Die Wände waren verputzt, der Boden bestand in Priene stets aus Estrich, in anderen Gegenden Griechenlands auch aus Mosaik. Die Klinen hatten ein erhöhtes Kopfende zum Aufstützen. Die ausführlichsten Darstellungen der Männerfeste in den Andrones finden sich auf attischen Vasen der Spätarchaik und der Frühklassik, aber am schönsten in Platons "Symposion" aus dem frühen 4. Jh.v.Chr.

Die Wasserversorgung war in Griechenland bis ins 20. Jh.n.Chr. ein Problem. In Priene sorgte eine Wasserleitung für die Zufuhr zu den Brunnen, die an den Straßenkreuzungen errichtet waren; Wasserleitungen in den Häusern waren eine spätere Errungenschaft. Solange das Wasser vom Brunnen geholt werden muß, bleibt es rar. Ein Bad zu Hause machte allerhand Mühe, aber der Gang zum Brunnen war auch willkommene Gelegenheit für die Mädchen, der Aufsicht im Haus auf ein Kurzes zu entkommen.

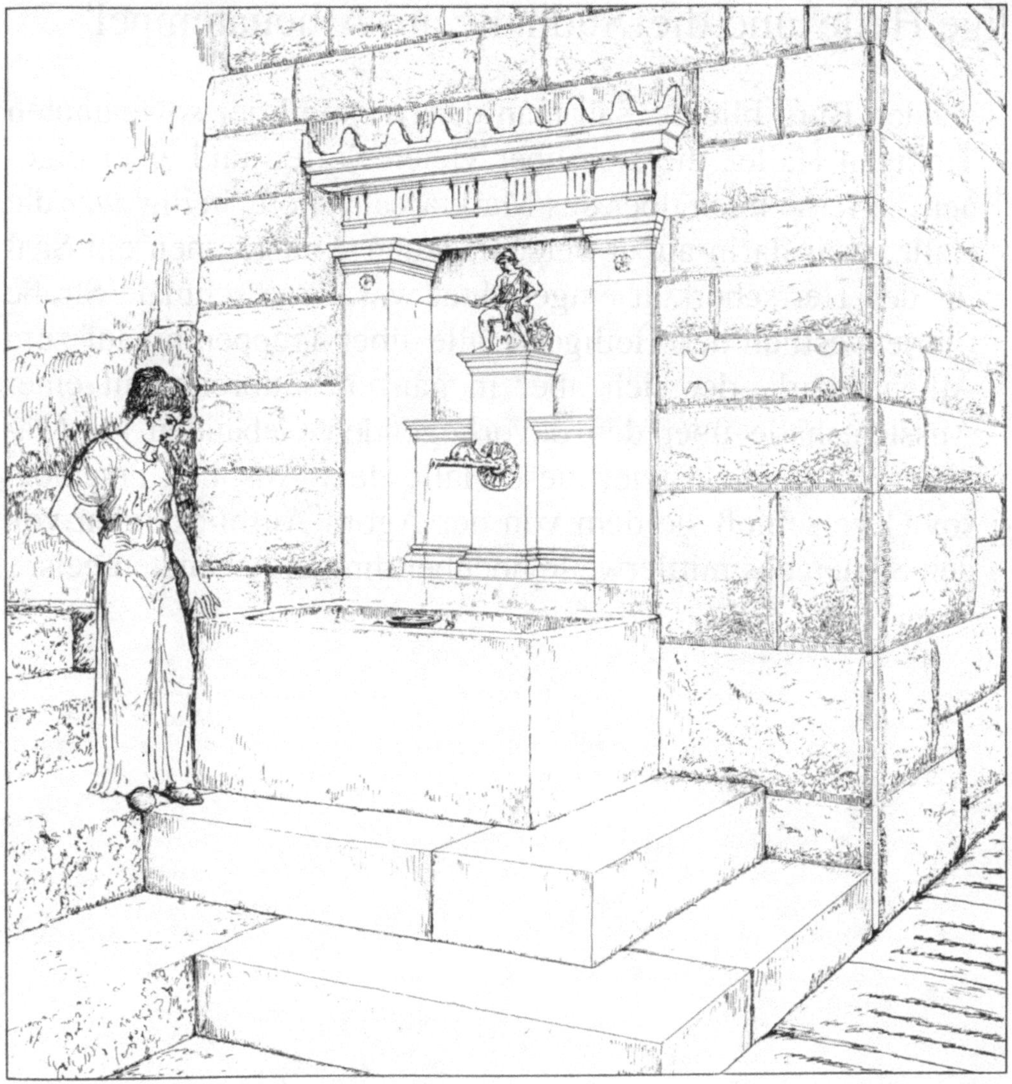

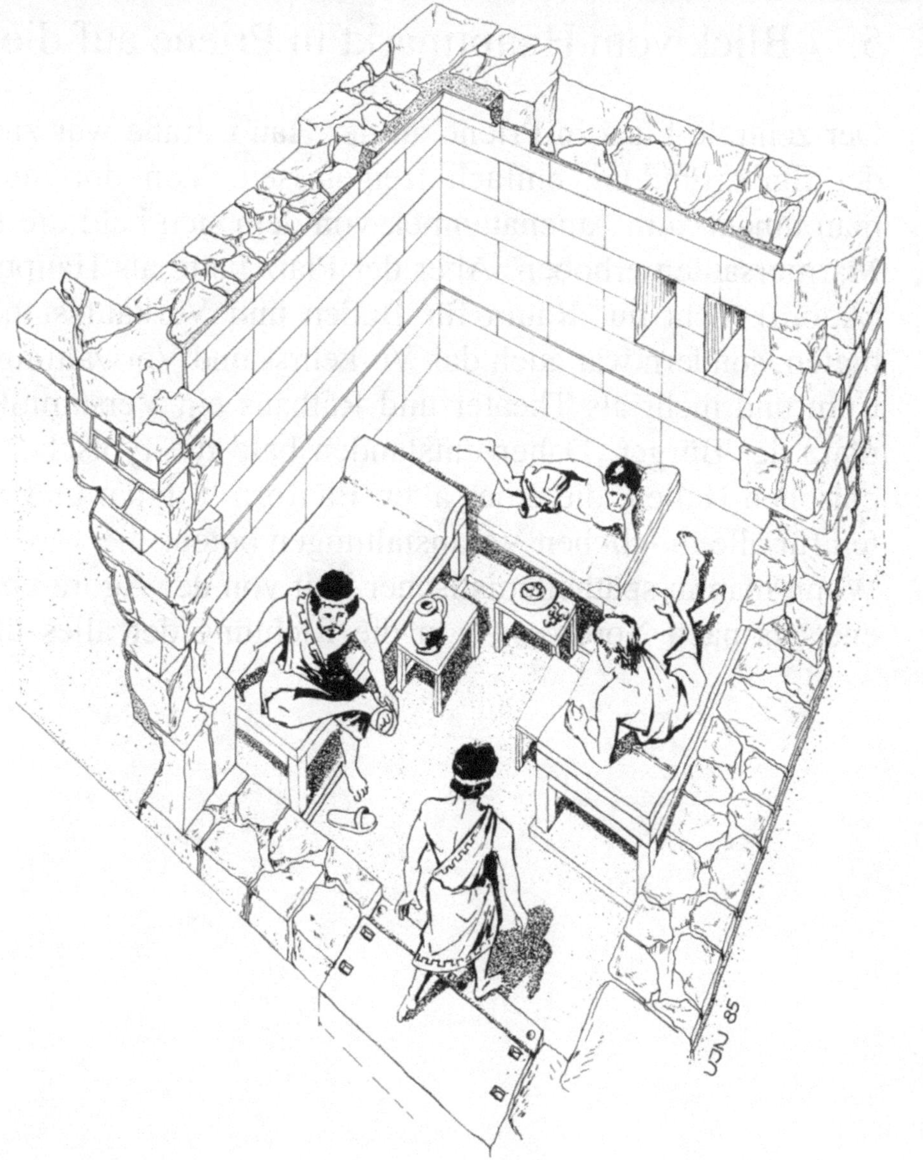

5. Blick vom Hauptmarkt in Priene auf die 'Heilige Halle' und die 'Südhalle am Athenatempel'.

Der zentrale Platz in Priene an der Hauptstraße war zur Zeit der Stadtgründung einfach freigelassen. Von dort aus sah man hinauf zum Athenatempel, von dem sich bald die ersten Marmorsäulen erhoben. Aber der Platz hatte als Hauptmarkt (Agora) nicht nur Raum für Buden und Verkaufsstände zu bieten, sondern war auch das Verkehrs- und Verwaltungszentrum und mehr als Theater und Rathaus ein Versammlungsplatz der Bürger. Daher entstanden bald die typischen griechischen Hallen, die einer alten Bauform folgten und Schatten für alle möglichen Veranstaltungen boten.

Wenn man in späthellenistischer Zeit von der Agora von Priene aus nach Nordwesten in die Richtung der alles überragenden Burg blickte, sah man den Westteil der sogenannten 'Heiligen Halle', die sich über vielen Stufen und einer eigenen Terrasse hoch über das Marktareal erhob; 'heilig' war die Halle, weil darin außer verschiedenen Amtsräumen ein Saal für den Herrscherkult eingerichtet war. Eine schmale Straße führte westlich der 'Heiligen Halle' über Treppen hinauf zum Athenabezirk, der sich aber in ganzer Südbreite mit einer Aussichtshalle über den davorliegenden Gebäuden ins Mäandertal öffnete: soviel diese Halle dem Ausblick erschloß, soviel verschloß sie dem von der Agora Aufblickenden von den Säulen des mittlerweile hochberühmten Athenatempels.

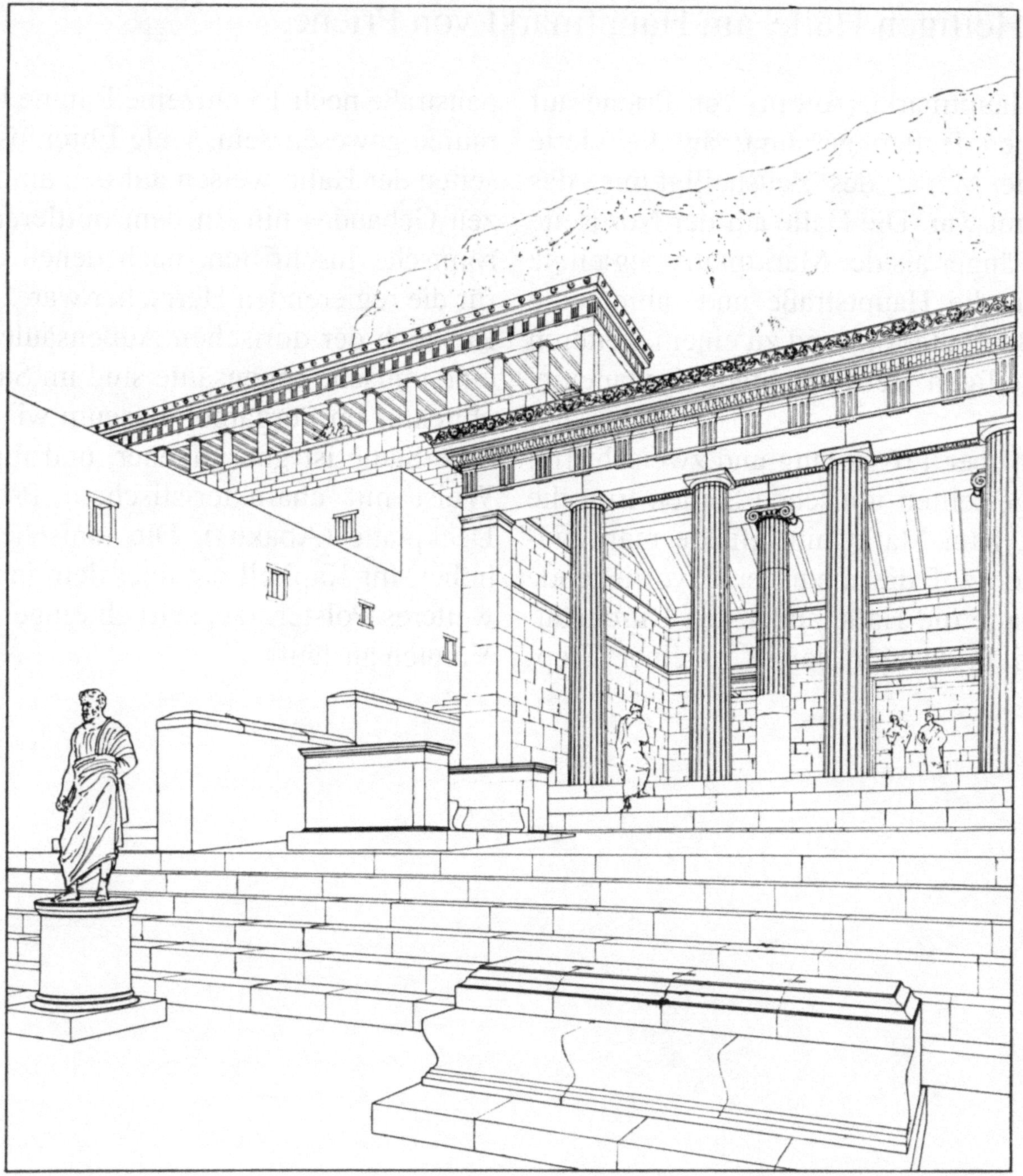

6. Das Innere der 'Heiligen Halle' am Hauptmarkt von Priene.

Im 2. Jh.v.Chr. war der Hauptmarkt (Agora) von Priene auf allen Seiten von schattigen Hallen gerahmt; an die vierte Seite stieß rückwärtig die Mauer des Zeusheiligtums, das selbst wieder hallengesäumt war. Die Halle auf der Nordseite der Agora war allerdings länger als der Marktplatz, begleitete im Osten noch ein Stück die Hauptstraße und rahmte die Eingänge zum Rathaus (Bouleuterion) und zu einem weiteren Amtsgebäude mit dem Heiligen Herd der Stadt (Prytaneion, Hestiatorion).

Die eigentliche Halle war über 116 m lang und zweischiffig: eine Reihe von 24 weit gestellten ionischen Säulen trug die Firstbalken. Nach Süden, zum Markt hin, blickte man zwischen 49 dorischen Säulen auf die niedriger davorliegende Terrasse. Nach Norden hatte die Halle außer den Durchgängen zu Bouleuterion und Prytaneion sowie zu einer Treppenstraße noch 15 einzelne Räume in Serie. Es werden Amtsräume gewesen sein, viele Ehreninschriften auf den Schmalseiten der Halle weisen auf den amtlichen Charakter des ganzen Gebäudes hin. In dem mittleren der Räume fanden sich römische Inschriften, nach denen er vielleicht der Kultsaal für die regierenden Herrscher war.

Ein Joch der dorischen Außensäulen der Heiligen Halle und eine ionische Innensäule sind im Saal der hellenistischen Architektur im Pergamonmuseum wiederaufgerichtet. Die dorische Säule ist gedrungener, und ihr Kapitell ist ein knapper Wulst mit charakteristischem Profil (Echinus) unter der Deckplatte (Abakus). Die ionische Säule ist schlanker und höher. Ihr Kapitell hat über dem inneren Wulst (Echinus) ein weiteres Polster, das seitlich eingerollt ist und vorne in zwei Voluten ausläuft.

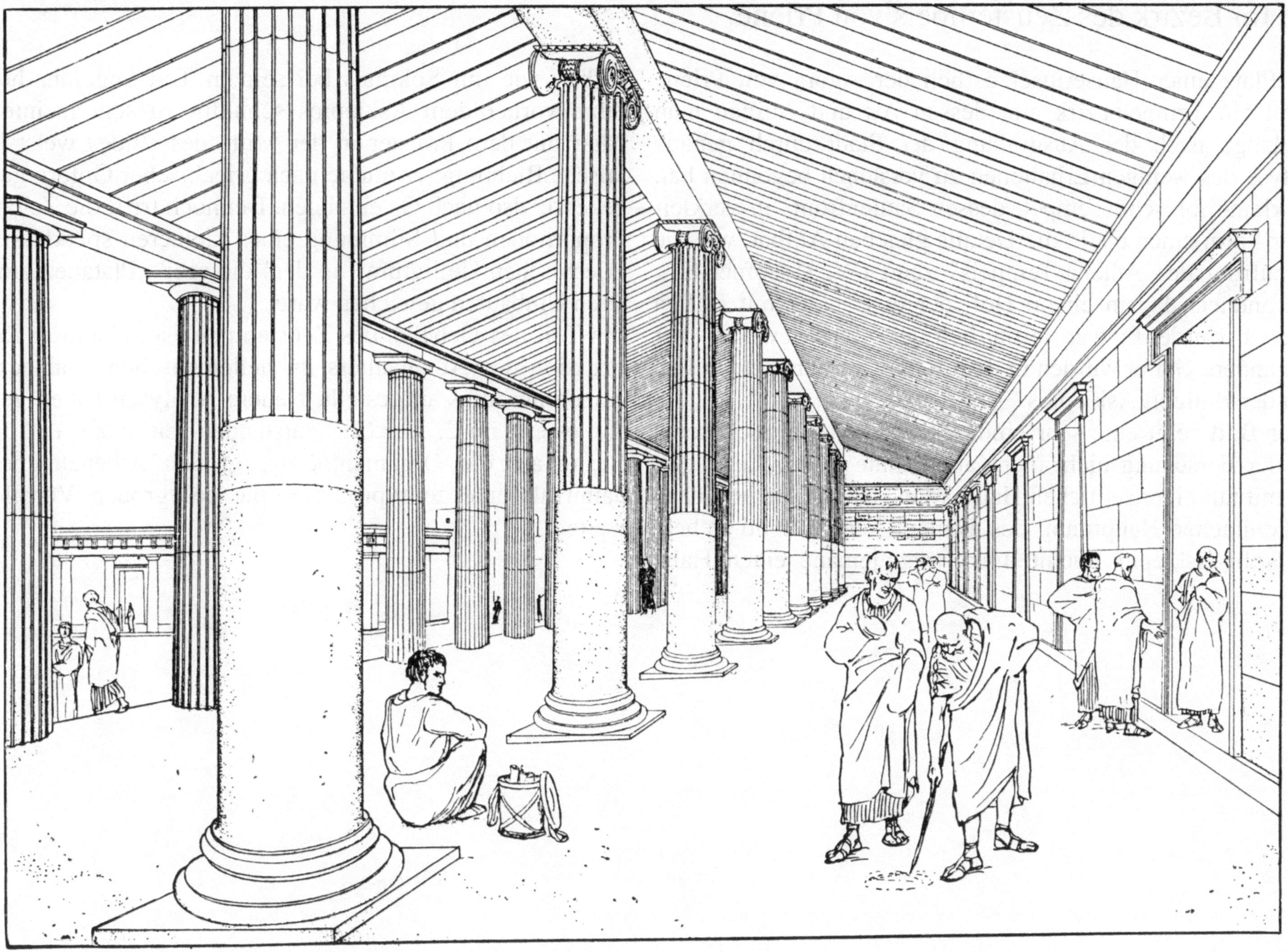

7. Im Bezirk des Zeustempels von Priene.

Den Platz einer Häuserinsel östlich der Agora von Priene nimmt ein Tempelbezirk ein, dessen Art und Aufbau man erst lange nach der Ausgrabung der Stadt durch genaue Analyse des wenigen Erhaltenen zu verstehen begonnen hat. Der kleine ionische Tempel, dessen Säulenfront "in verkleinerter Form einen bis in die Details gleichen Aufbau wie die Säulenfront des Athena-Tempels" zeigt (W. Hoepfner-E.L. Schwandner), lag in einem Hof, der erst später mit Hallen versehen wurde. Er war vermutlich dem Zeus geweiht, aber auch andere Götter wurden in dem Bezirk verehrt, vermutlich auch der Heilgott Asklepios.

Unser Bild zeigt eine sehr eindrucksvolle, wenn auch heute von der Forschung nicht mehr anerkannte Vision des Tempels mit nur einer seitlichen Halle. Man sieht durch die Tür in dem einfachen Hauptraum des Tempels ein Kultbild stehen, das wohl Asklepios meint; links trägt jemand einen Hahn herbei, wie ihn Sokrates bei seinem Tod ungefähr hundert Jahre vorher dem Asklepios schuldig zu sein meinte. Der Altar mit dem Priester in der Mitte des Bildes weist in die falsche Richtung: er müßte nach griechischer Opferregel umgekehrt, also nach Osten zielen. Dennoch trifft die Zeichnung Proportionen und Stimmung eines kleineren spätklassischen griechischen Heiligtums, in dem die große Platane bald weiteren Umbauten gewichen wäre.

Ein Teil des Gebälks des Zeustempels ist neben der Rekonstruktion des Athenaaltars im hellenistischen Saal des Pergamonmuseums aufgestellt. Neuere Analysen haben gezeigt, daß es erst im 2. Jh.v.Chr. entstanden sein kann: der direkte Bezug auf die Ornamentik des großen Athenatempels ist damit als eine zeittypische Kopie des großen Vorbilds zu werten.

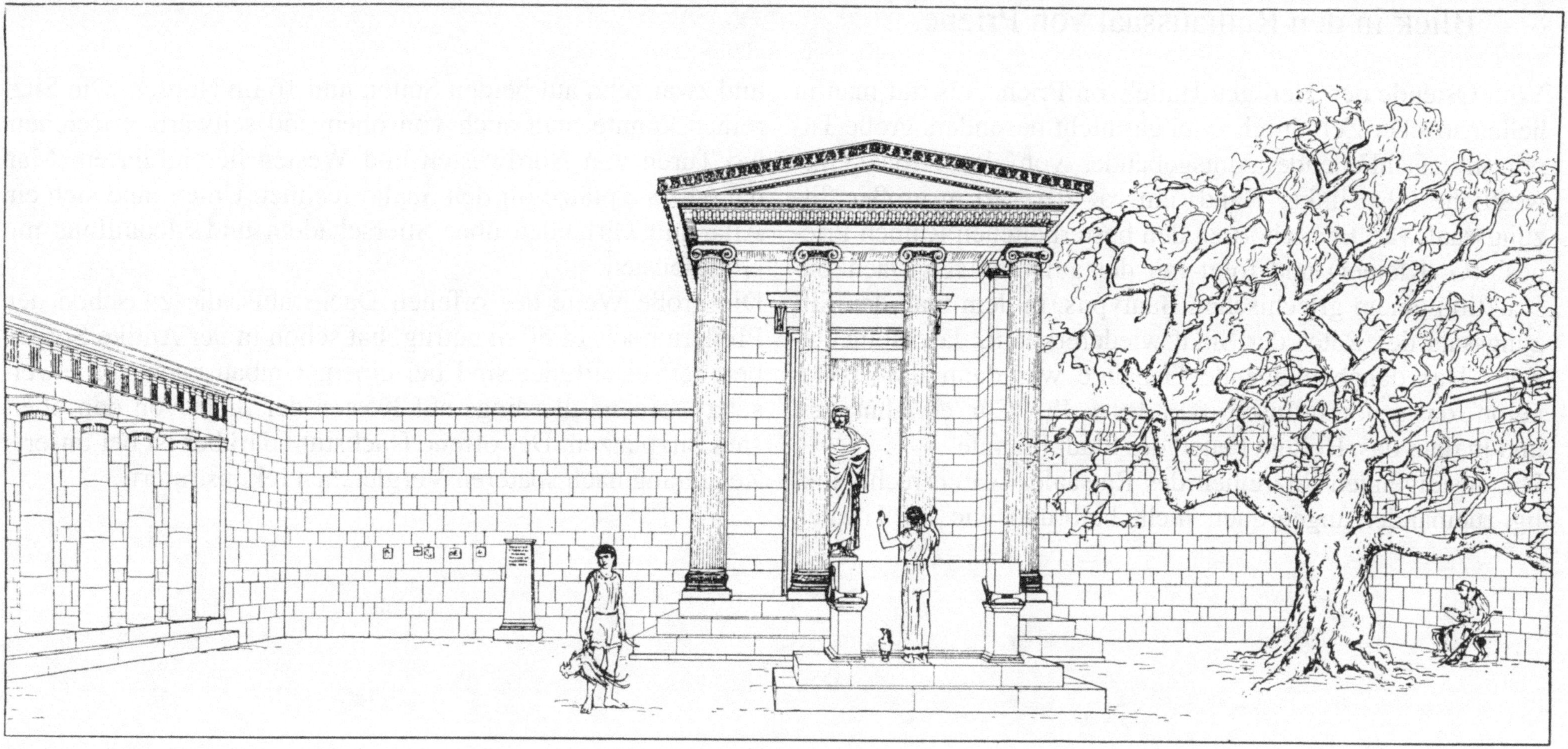

8. Blick in den Rathaussaal von Priene.

Vom Ostende der 'Heiligen Halle' von Priene aus trat man in hellenistischer Zeit durch zwei gar nicht besonders große Türen in anschließende Amtsgebäude, von denen das eine, westliche (also linker Hand) ein ca. 20 x 20 m großer Sitzungssaal war. Er "gehört zu den besterhaltenen Ruinen Prienes" (G. Kleiner) und folgt mit der aufwendigen Dachkonstruktion einem griechischen Bautypus, in dem man den Sitzungssaal des Rates der Stadt wiedererkennt, das 'Bouleuterion'. Das danebenliegende Gebäude war dann das 'Prytaneion', das schon in Inschriften des 4. Jh.v.Chr. erwähnt wird und in dem das 'Heilige Feuer' der Stadt brannte.

Die ansteigenden Sitzreihen des Ratsaales waren rechtwinklig zueinander angeordnet, nicht halbrund wie im Theater, und zwar zehn auf beiden Seiten und 16 im Norden. Die Sitzreihen konnte man auch von oben und seitwärts errreichen, wo Türen von Nordwesten und Westen hereinführten. Man hat 640 Sitzplätze für den Saal errechnet. Unten fand sich ein Altar mit Girlanden über Stierschädeln und Medaillons mit Götterbüsten.

Die große Weite des offenen Dachstuhls, die zwischen den Pfeilern noch 14,50 m betrug, hat schon in der Antike Sorgen bereitet: die Pfeiler sind bei einem Umbau nach vorne versetzt worden, allerdings auf Kosten der Sicht von den obersten Sitzplätzen. Der offene Dachstuhl darüber ist bei unserer Zeichnung nach späteren Vergleichen rekonstruiert.

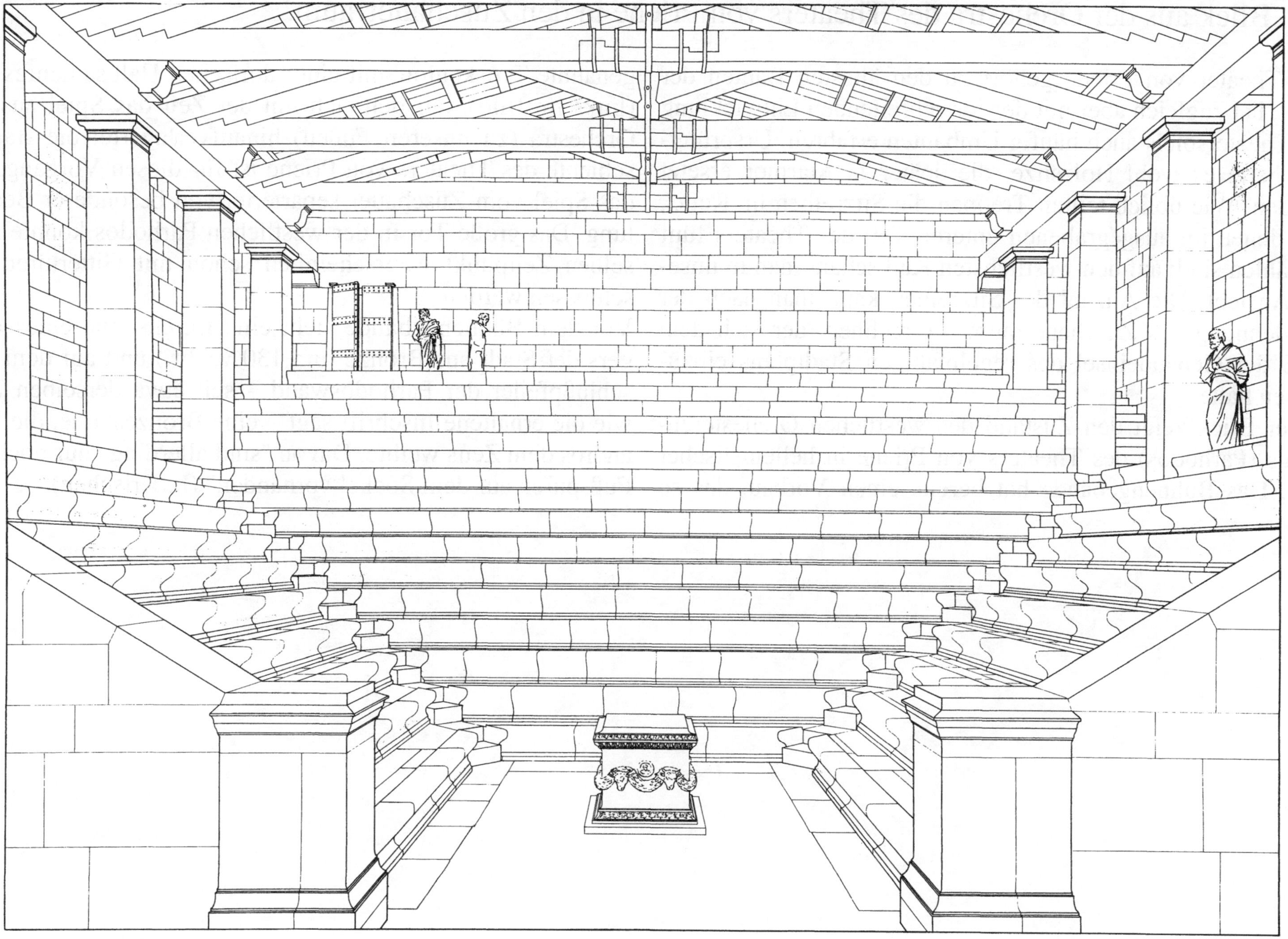

9. Blick aus der Orchestra des Theaters von Priene in den Zuschauerraum.

Das Theater von Priene gehört zu den ältesten Bauten der Stadt, hat zugleich aber mit der fortschreitenden Entwicklung des Theaterspiels auch häufig Umbauten erfahren. Ursprünglich hatte es wohl Holzsitze, die später in Marmor ersetzt wurden. Wie üblich teilten Treppen die Sitzreihen in 'Keile', von denen im ausgegrabenen unteren Teil des Theaters fünf zu zählen sind: auf den westlichsten Keil schaut man in unserer Ansicht. Die Anzahl der Sitzreihen kann man nach der Ausdehnung des Zuschauerraumes errechnen, der sich dem Maß der Gebäudeinsel des regelmäßigen Stadtplans einzupassen hatte.

Unser Blick zeigt den Zustand des westlichen Orchesterzugangs (Parhodos) des Theaters von Priene in hellenistischer Zeit. Das Bühnengebäude hat bereits einen Vorbau, das so genannte 'Proskenion' mit einer dorischen Halbsäulenfassade (links im Bild), auf den sich mit der Zeit das Spiel aus der Orchestra (zu unseren Füßen) hinaufverlagerte: die Baugeschichte des Theaters von Priene ist für diesen Vorgang, der das Spiel vom Zuschauer separierte, von besonderer Bedeutung. Das große Tor in der westlichen Parhodos konnte zum selben Zeitpunkt wahrscheinlich schon mit Gittertüren geschlossen werden.

Vor dem Bühnengebäude steht eine Ehrenstatue eines Bürgers der Stadt aus Bronze (um 130 v.Chr.) und auf dem Abschlußpfeiler der Parhodoswand – seit etwa derselben Zeit, wie die erhaltene Inschrift sagt – eine Bronzestatue, die Kleandros dem Zeus weihte. Davon "sind allerdings nur noch die Fußspuren auf dem Sockel vorhanden" (F. Krischen).

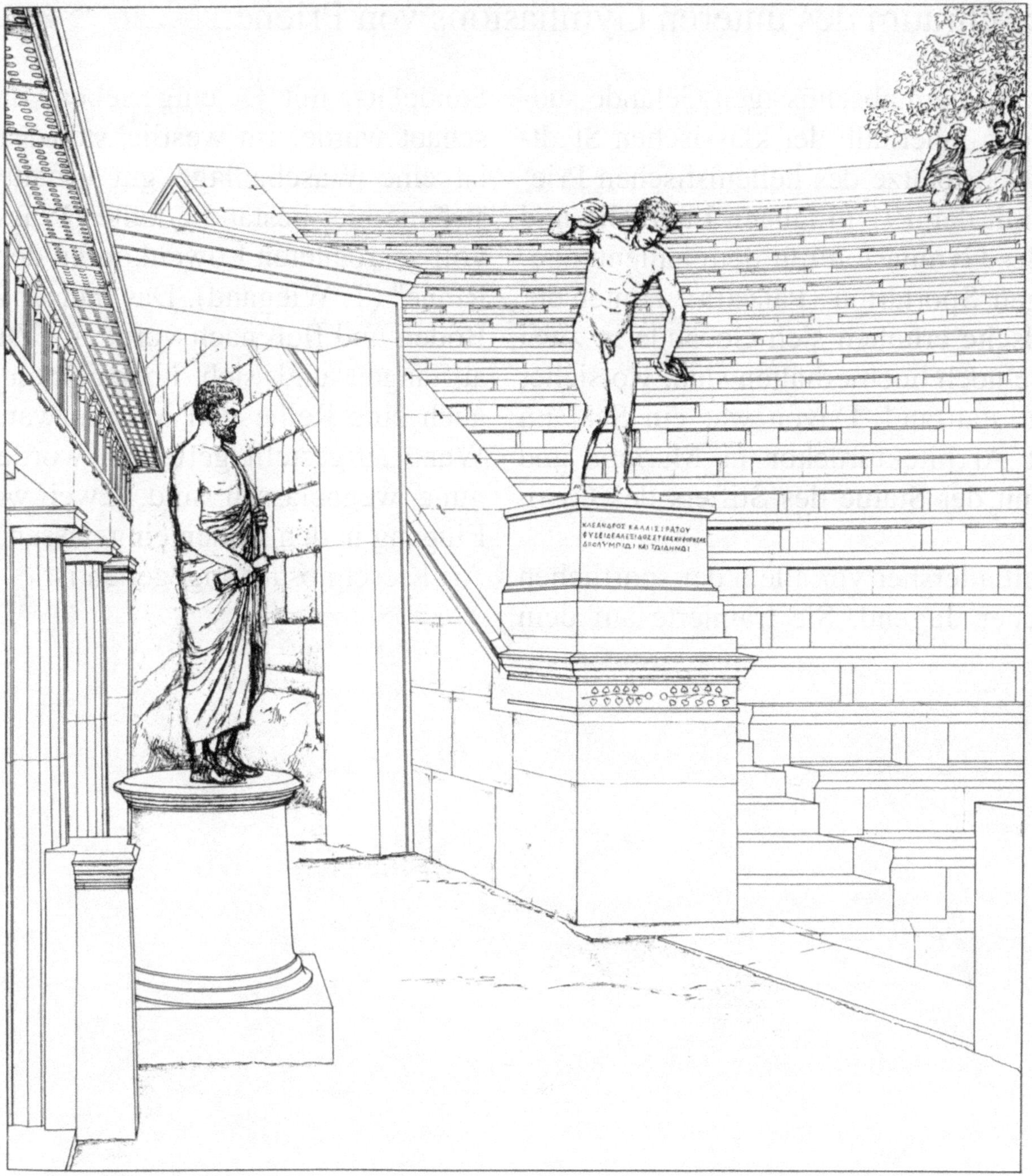
ΚΛΕΑΝΔΡΟΣ ΚΑΛΛΙΣΤΡΑΤΟΥ

10. Blick in den Waschraum des unteren Gymnasions von Priene.

Fast fünfzig Meter tiefer auf dem abschüssigen Gelände südlich des Marktes, aber noch innerhalb der klassischen Stadtmauer lagen die großen Sportplätze des hellenistischen Priene. Da war das Stadion mit der 191 m langen Laufbahn und ein rund 50 x 60 m großes Gymnasion mit dem hallenumgebenen Hof für die übrigen Sportarten (Palästra). Hinter der Haupthalle auf der Nordseite erhoben sich Gebäude in zwei Geschossen, die teilweise noch hoch erhalten sind, wo sicher noch weiterer Unterricht stattfand. Davon war ein Saal im Erdgeschoß reicher mit Architekturdekor in Marmor und Stuck ausgestattet und mit der Statue des Stifters des Gymnasions versehen.

Ein Gymnasion diente seit altersher vor allem der sportlichen Ausbildung der männlichen Jugend. Sie trainierte auf dem Sandplatz, mit Öl eingerieben, das mit der 'Strigilis' abgeschabt wurde. Im westlichsten Raum neben dem Stiftersaal ist eine Waschanlage gut erhalten. "Mit kräftigem Druck strömte hier beständig kaltes Wasser aus den sehr wirkungsvoll gearbeiteten Löwenköpfen der die Wände umsäumenden Rinne" (T. Wiegand). Das meiste Wasser lief einfach auf den Boden und floß nach vorne ab. Zum Duschen mußte man es auffangen und sich überschütten. Dafür diente allerdings auch eine Reihe von Marmorwannen, die vor der längeren Wand aufgestellt gefunden worden und auf unserer Zeichnung weggelassen sind. Zwei weitere Wannen waren am Eingang in den Boden eingelassen, der vom Zeichner als eine Art Kieselmosaik angegeben ist.

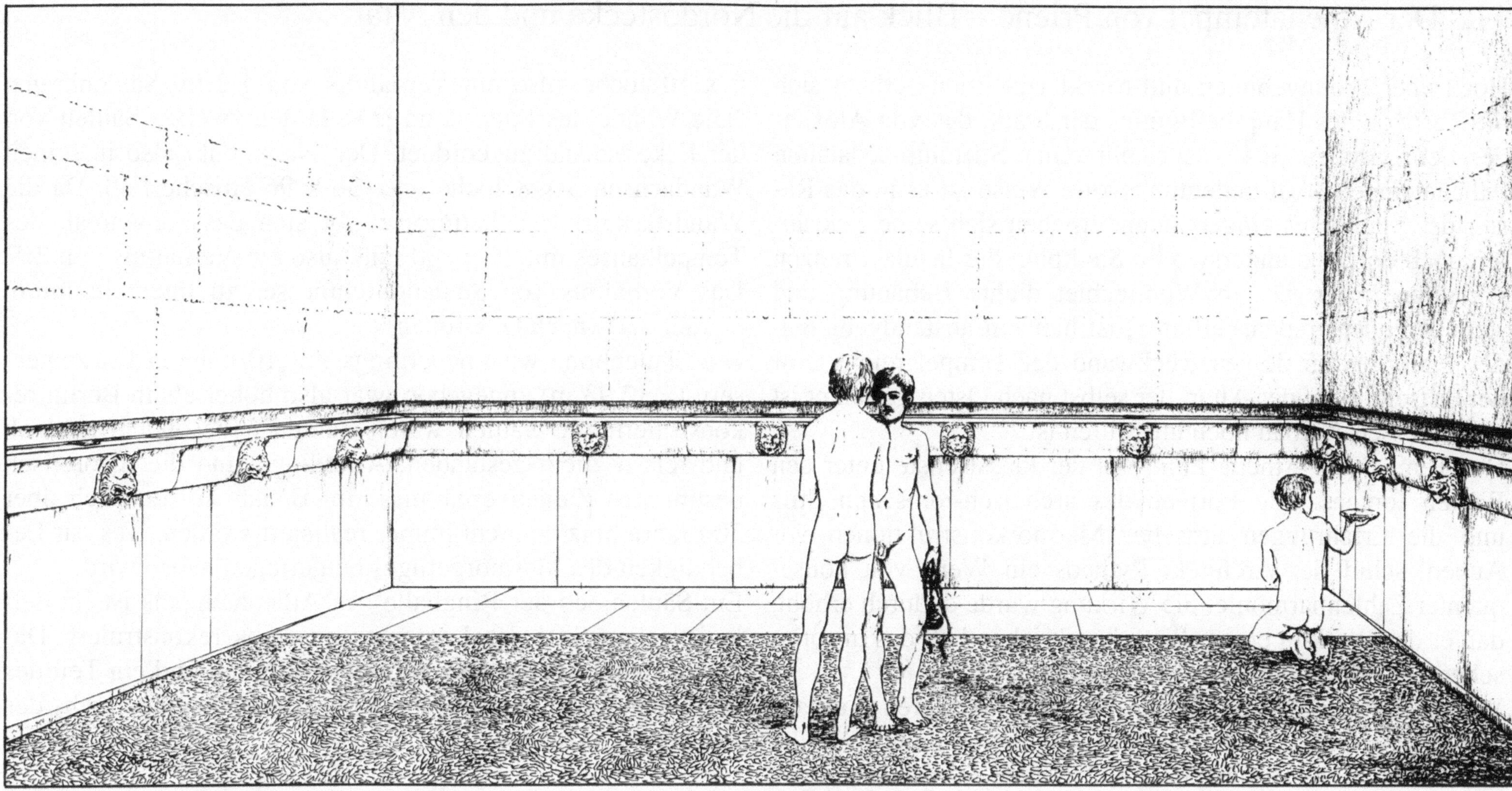

11. Der Athenatempel von Priene – Blick auf die Nordostecke und den Altar.

Hoch über Wohngebieten und Markt von Priene erhebt sich die Terrasse des Hauptheiligtums der Stadt, des von Alexander dem Großen 334 v.Chr. mit einer Stiftung bedachten Athenatempels. Auf bedeutungsvolle Weise ist er in das Raster des Stadtplans eingebunden, erheben sich seine Ecksäulen doch dort, wo anderswo im Stadtplan die Insula-Grenzen verlaufen. Aber wo im Wohngebiet dichte Bebauung und steile Treppenstraßen verliefen, ist hier ein abstandgebietender Platz, bis an dessen Rückwand der Tempel reicht. Auf der Ostseite steht der Altar, der selbst nach Osten gerichtet ist – und dessen Aufbau noch umstritten ist.

Der Tempel der Athena Polias ist der klassischste unter den Bauten Ioniens. Die Formen des archaisch-ionischen Stils und die Erfahrungen attischer Marmorkonstruktionen vor Augen, schuf der Architekt Pytheos ein Werk von konsequenter Zahlenharmonie: die Wirkung wurde dadurch erhöht, daß er das Werk in einem Buch beschrieben hat, das in römischer Zeit noch studiert werden konnte.

Worin liegt das Geheimnis des so überaus klaren Aufbaus des Tempels und seiner ionischen Säulenordnung? An der Front standen 6, an den Seiten 11 Säulen, das heißt es gab 5 x 10 Joche, also ein Verhältnis von 1:2 im Säulenkranz. "Die Wände des Baues sind jeweils den zweiten Säulen von der Ecke achsial zugeordnet. Der 'Naos' mißt also in seinen Wandachsen 3 x 8 Joche oder 36 x 96 attische Fuß. Da die Wandstärke 4 Fuß beträgt, ergibt sich das Außenmaß des Tempelhauses mit 40 x 100 Fuß, also ein Verhältnis von 2:5. Das Verhältnis von Säulendurchmesser zu Intercolumnium beträgt 4:7" (nach G. Gruben).

Die Säulenhöhe wird neuerdings mit 10 unteren Durchmessern (= 12,93 m) angegeben, war also höher als in Berlin rekonstruiert: die Säulen wären demnach besonders schlank und relativ dicht gestanden. Allerdings sind die theoretisch bestimmten Zahlenverhältnisse im Bauablauf, der sich über 300 Jahre hinzog, nicht immer realisiert worden, was zur Lebendigkeit des Marmorgefüges beigetragen haben wird.

Ein Säulenjoch der Ringhalle des Athenatempels ist im hellenistischen Saal des Pergamonmuseums rekonstruiert. Daneben steht ein originales ionisches Kapitell und ein Teil des originalen Gebälks sowie die Rekonstruktion eines Jochs des Aufbaus des Athenaaltars.

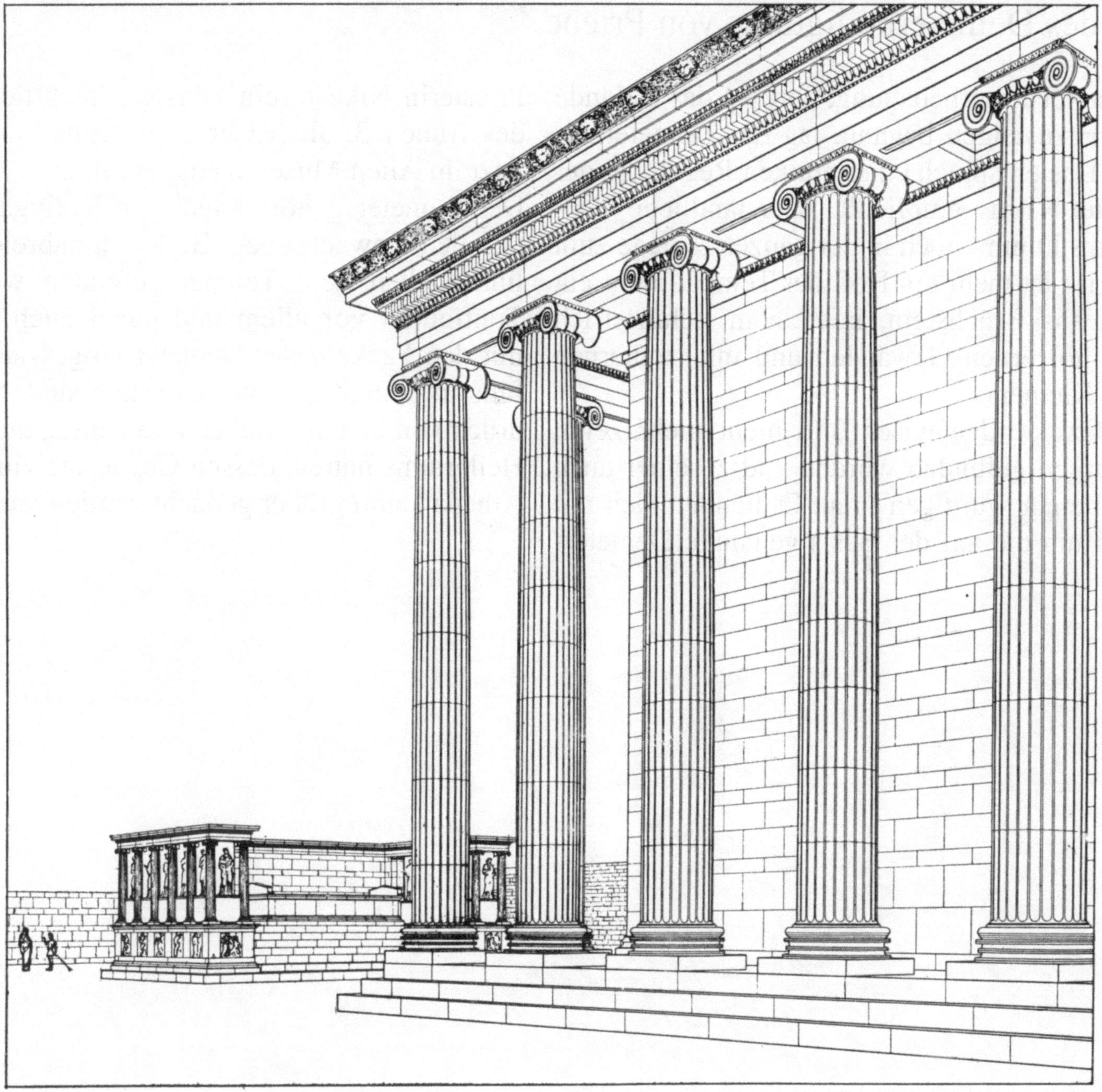

12. Im Bezirk des Demeterheiligtums von Priene.

Außerhalb der dichten Häuserbebauung, dort wo das Gelände zur Akropolis hin anzusteigen begann, lag das Demeterheiligtum von Priene. Das entsprach einer antiken Regel, die der römische Baumeister Vitruv empfiehlt. "Der ländliche Charakter des Heiligtums kommt noch in der ganzen Anlage zum Ausdruck. Der Bezirk ist mehr ein Hof, der Tempel mehr ein Haus mit Wänden aus Bruchstein, mit einem Lehmestrich und einer Tür mit hölzernen Gewänden und mit steinernen Bänken davor" (G. Kleiner).

Am Torbau des Bezirks, den unser Bild nicht mehr zeigt, sind zwei Statuenbasen gefunden worden und zu einer auch das marmorne Bild einer würdigen Frau. Es handelt sich mit Wahrscheinlichkeit um die auf der Basis genannte Demeter-Priesterin Nikeso, ein kunstgeschichtlich bedeutendes Werk des frühen 3. Jhs.v.Chr., das früher im Pergamonmuseum, jetzt im Alten Museum ausgestellt ist.

Der Demeter gehören auch die Votivgaben, die in einer bis auf den gewachsenen Boden hinabreichenden Opfergrube links neben dem Tempel gefunden worden sind. Es sind Tonfiguren vor allem und dabei auch seltsame Kopffüßler mit den Fackeln der Demeter (sog. 'Baubo'), die jetzt ebenfalls im Alten Museum zu sehen sind. Sie geben einen Eindruck von den Wünschen und Bitten, die die Besucher dieses Heiligtums hatten, dessen Gegensatz zum Stadtheiligtum der Athena kaum größer gedacht werden kann.

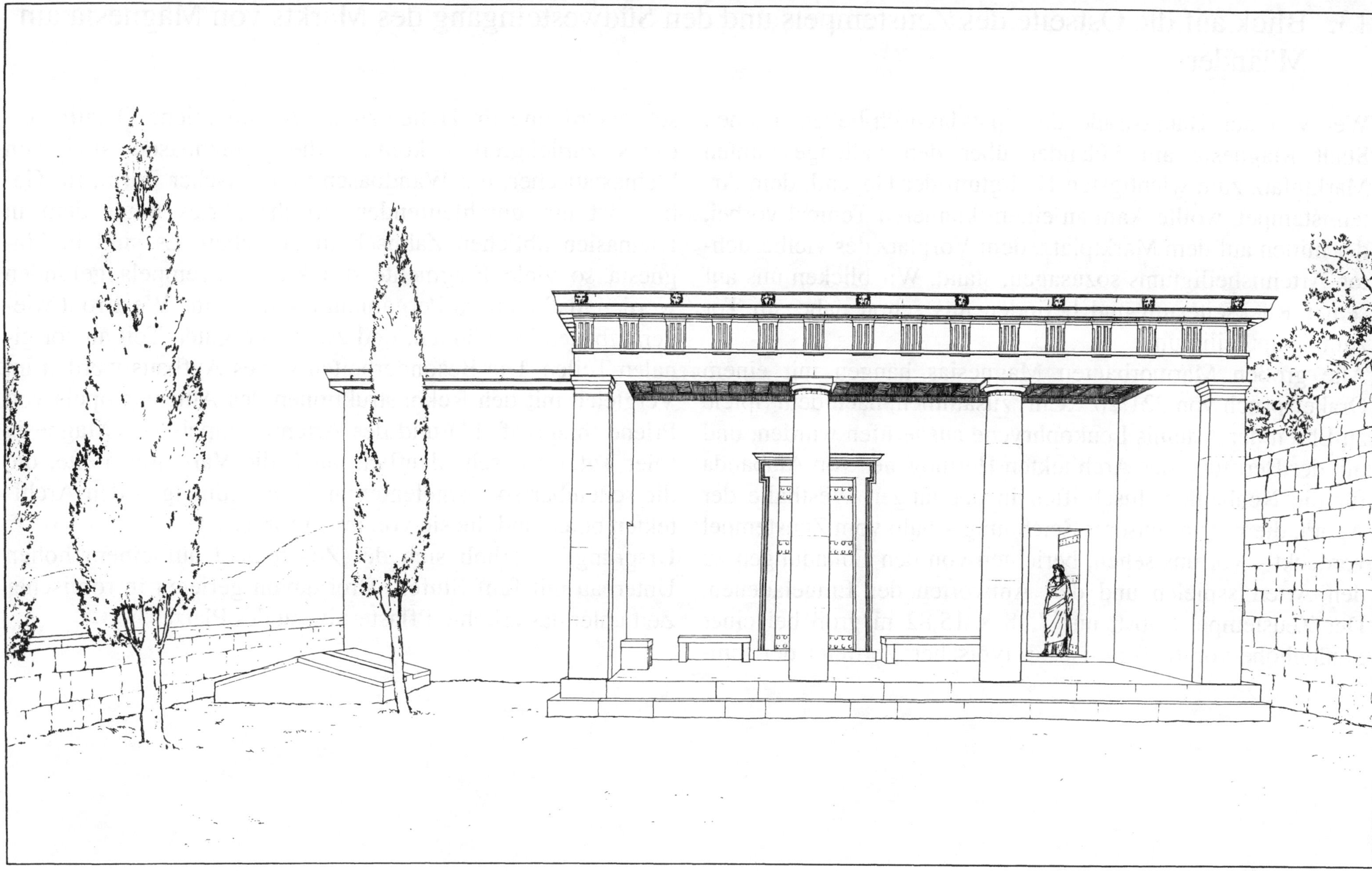

13. Blick auf die Ostseite des Zeustempels und den Südwesteingang des Markts von Magnesia am Mäander.

Wer von der Hauptstraße der spätklassisch-hellenistischen Stadt Magnesia am Mäander über den hallengesäumten Marktplatz zum wichtigsten Heiligtum der Gegend, dem Artemistempel, wollte, kam an einem kleineren Tempel vorbei, der mitten auf dem Marktplatz, dem Vorplatz des vielbesuchten Artemisheiligtums sozusagen, stand. Wir blicken uns auf seiner Rückseite um und befinden uns schon nahe am Tor zum Haupttheiligtum.

Alle großen Marmorbauten Magnesias hängen mit einem Orakelspruch von 221/20 v.Chr. zusammen, nach dem Spiele zu Ehren der Artemis Leukophryene ausgerufen wurden, und mit der Berufung des Architekten Hermogenes von Alabanda für die Neubauten. Inschriften in der langen Westhalle der Agora, die wir auf unserer Zeichnung – halb vom Zeustempel verdeckt – vor uns sehen, berichten von den Einladungen zu den Artemisspielen und den Antworten der Eingeladenen. Der Zeustempel selbst, nur 7,38 x 15,82 m groß bei einer Säulenhöhe von 6,30 m, ist ein typischer Vertreter der ionischen Ordnung im Hellenismus, die auf reiche Detailrepertoires zurückgreifen konnte: die Säulenbasen sind von kleinasiatischer, die Wandbasen von attischer Form; im Gebälk ist ein durchlaufender attischer Fries unter dem in Kleinasien üblichen Zahnschnitt zu sehen. Es sind in Magnesia so viele Fragmente des kleinen Tempels gefunden worden, daß man im Pergamonmuseum seine Westfront wiederaufbauen hat können, und zwar zum guten Teil aus originalen Teilen. Die Besonderheiten seines Aufbaus werden im Vergleich mit den Rekonstruktionen des Athenatempels von Priene (hier Taf. 11) und des Artemistempels von Magnesia (hier Tafel 14) sehr deutlich, auch die Variationsbreite, die die scheinbar so festgelegten antiken Ordnungen den Architekten boten und die sie von ihnen forderten.

Ursprünglich erhob sich der Zeustempel auf einem hohen Unterbau mit fünf Stufen. Drei davon gerieten in römischer Zeit unter das erhöhte Pflasterniveau des Platzes.

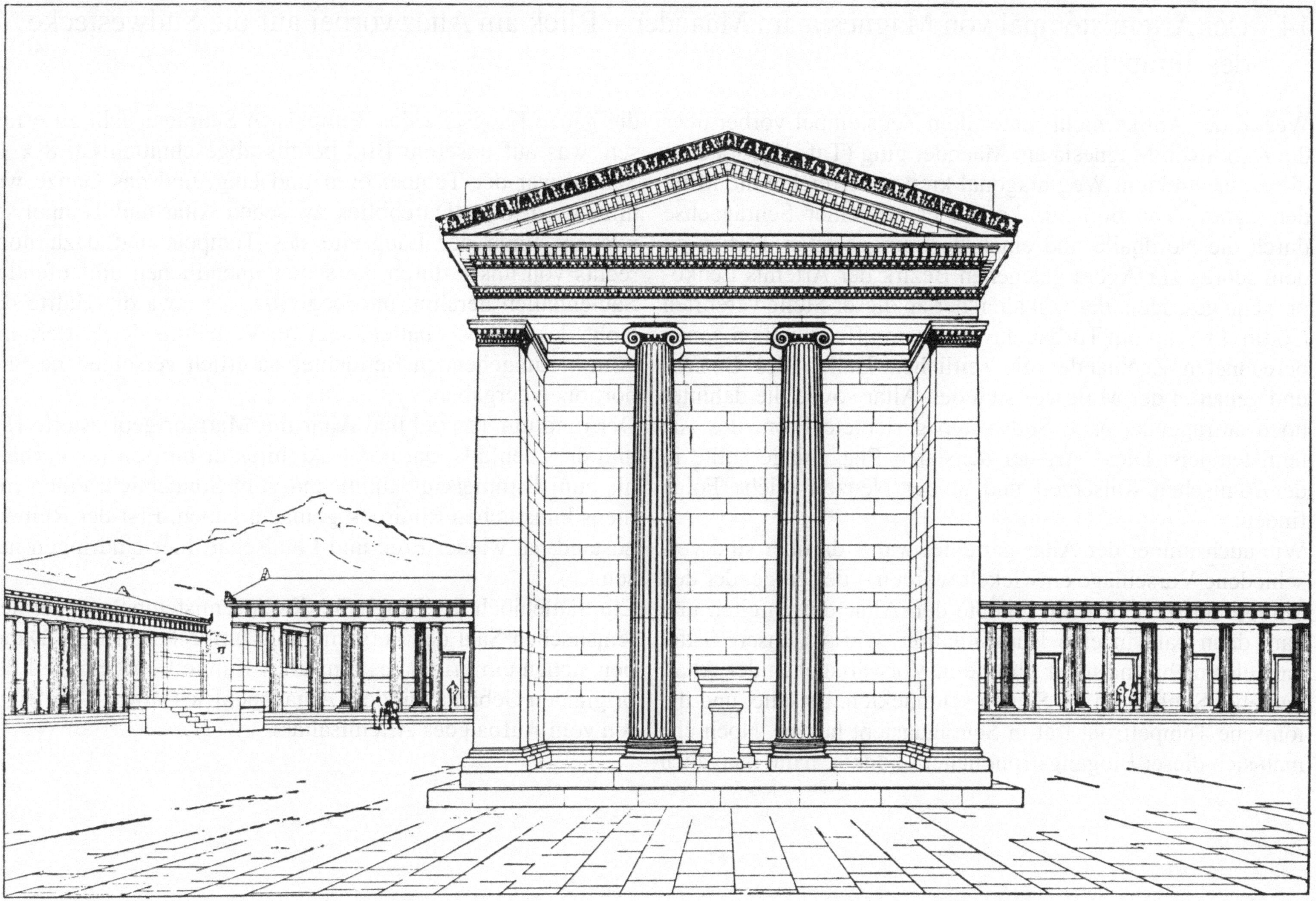

14. Der Artemistempel von Magnesia am Mäander – Blick am Altar vorbei auf die Südwestecke des Tempels.

Wer in der Antike nicht hinter dem Zeustempel vorbei über die Agora von Magnesia am Mäander ging (Taf. 13), sondern diese auf direktem Weg diagonal kreuzte, erreichte die Mitte der Agora. Von dort aus konnte er auf einer Schrägachse durch die Nordhalle und einen dort eingesetzten Torbau zu dem schräg zur Agora gelegenen Bezirk der Artemis Leukophryene gelangen, der von altersher an dieser Stelle verehrten Göttin. Er sah vom Torbau aus in einem offensichtlich genau berechneten Zueinander die seitlichen Hallen des Bezirks und genau in der Mitte vor sich den Altar sowie die dahinter hoch aufragende, nach Südwesten gerichtete Front des Artemistempels. Diese Art der achsialen Platzanlage sollte in der römischen Kaiserzeit und in der Neuzeit reiche Folge finden.

Wie auch immer der Altar gerichtet war – darüber sind verschiedene Vorschläge entwickelt worden – derjenige, der den Tempel aufsuchen wollte, mußte den Altar umschreiten und kam dann bald in eine Blicksituation, wie sie unsere Tafel darstellt: mehr und mehr glitt beim Vorwärtsgehen der Altar, den eher Skulpturen als Säulen schmückten, beiseite, und die ionische Tempelfront trat in Schrägansicht hervor. Noch ehe man sich dieser Eingangsfront nähern konnte, hatte man auch die ganze Langseite des Tempels in Schrägansicht zu erfassen, was auf unserem Bild bereits abgeschnitten ist. 8 x 15 Säulen war der Tempel breit und lang, und das Ganze war hinten – also im Durchblick zwischen Altar und Tempel sowie am Ende der Langseite des Tempels und dazu noch rechts von uns – durch die schier unendlichen umlaufenden Säulenhallen gerahmt und begrenzt, die etwa die Hälfte der Höhe des Tempels hatten, aber im Verhältnis der Entfernung vom herumgehenden Betrachter natürlich verschiedene Proportionen hergaben.

Der rund um Tempel und Altar mit Marmor gepflasterte Hof und die ebenfalls marmorne Architektur müssen im Verhältnis zum Himmelsausschnitt und zum Sonnenlicht einen immens künstlichen Eindruck gemacht haben. Erst der Ruinenzustand hat wieder Erde und Landschaft hier eindringen lassen.

Ein Säulenjoch der Ringhalle des Artemistempels ist im hellenistischen Saal des Pergamonmuseum rekonstruiert. Daneben stehen ein originales ionisches Kapitell und ein Teil des originalen Gebälks mit dem Amazonenfries sowie Relieffiguren vom Aufbau des Artemisaltars.

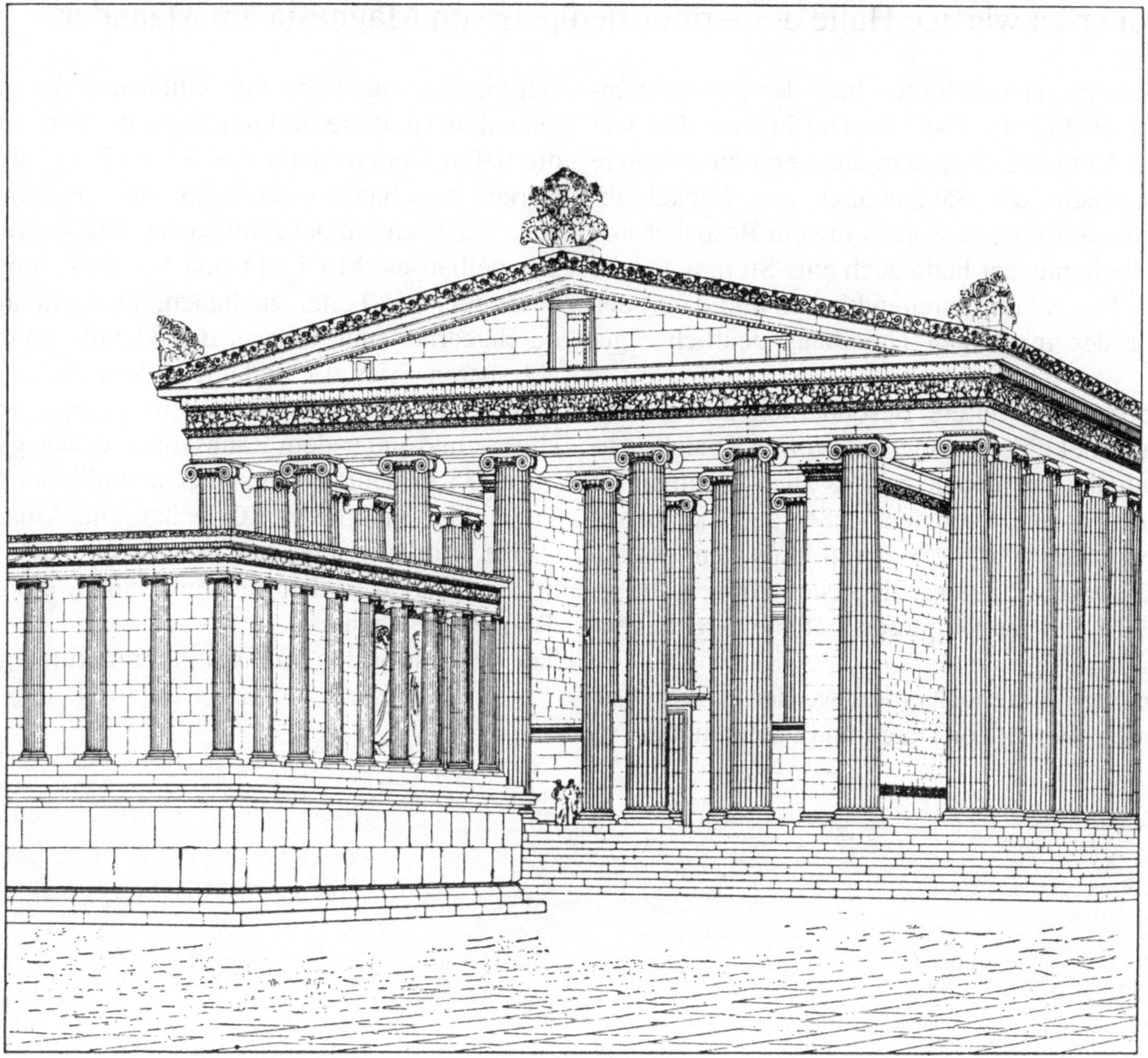

15. Blick in die rückwärtige Halle des Artemistempels von Magnesia am Mäander.

Ein hoher Unterbau mit sieben Stufen hebt den Artemistempel von Magnesia am Mänder über den Hof hinaus: dort war ein 2,10 m breiter Umgang, über dem dann erst eine weitere Stufe als Bodenschicht der Säulenhallen den Sockel abschloß. Darauf steht auf unserer Zeichnung ein Besucher und blickt aus der Halle heraus; er hätte auch eine Stufe tiefer auf dem Umgang den Tempel umschreiten können und damit den Podiumscharakter des mächtigen Unterbaus deutlicher gemacht.

Gut sieht man aber eine weitere Besonderheit dieses Meisterwerks des Architekten Hermogenes von Alabanda: die ionischen Säulenhallen, in denen man ja auch herumlaufen konnte, sind besonders tief. Nach den Maßen des überaus genau durchdachten Baues und nach den altionischen Vorläufern hätte hier eine zweite Säulenreihe stehen können, die jedoch weggelassen ist. 'Pseudodipteros' hat die Architekturtheorie diesen Bautypus genannt.

Die Verbreiterung des Mitteljochs (dort wo der antike Besucher steht) folgt den älteren Vorbildern und unterstützt die im Gesamtplan angelegte Achsialität und die in den tiefen Säulenhallen spürbare Raumhaltigkeit. Von weiter weg haben die tiefen Hallen hinter den über 12 m hohen Säulen sicher stärker verschattet gewirkt als auf unserem Bild, vor allem auch der noch einmal zwei Joche tiefe rückwärtige Raum des Tempelhauses. Mit Licht und Schatten scheint Hermogenes besonders gearbeitet zu haben. Das gilt auch für den tief durchgearbeiteten, aber in den Details von der Ferne kaum ablesbaren Fries. Er umläuft anders als beim Athenatempel von Priene den Bau über dem glatten dreigliedrigen Architrav und unter dem Zahnschnitt in der ganzen Länge von über 175 m. Dort ist in schier unendlicher Reihung das alte Thema der Kämpfe von Griechen und Amazonen dargestellt – eine bildhauerische Antwort auf die noch viel längere Reihe von Säulen in den äußeren Hallen, die den Hof um den Tempel umgaben.

Zur Rekonstruktion im Pergamonmuseum vgl. Taf. 14.

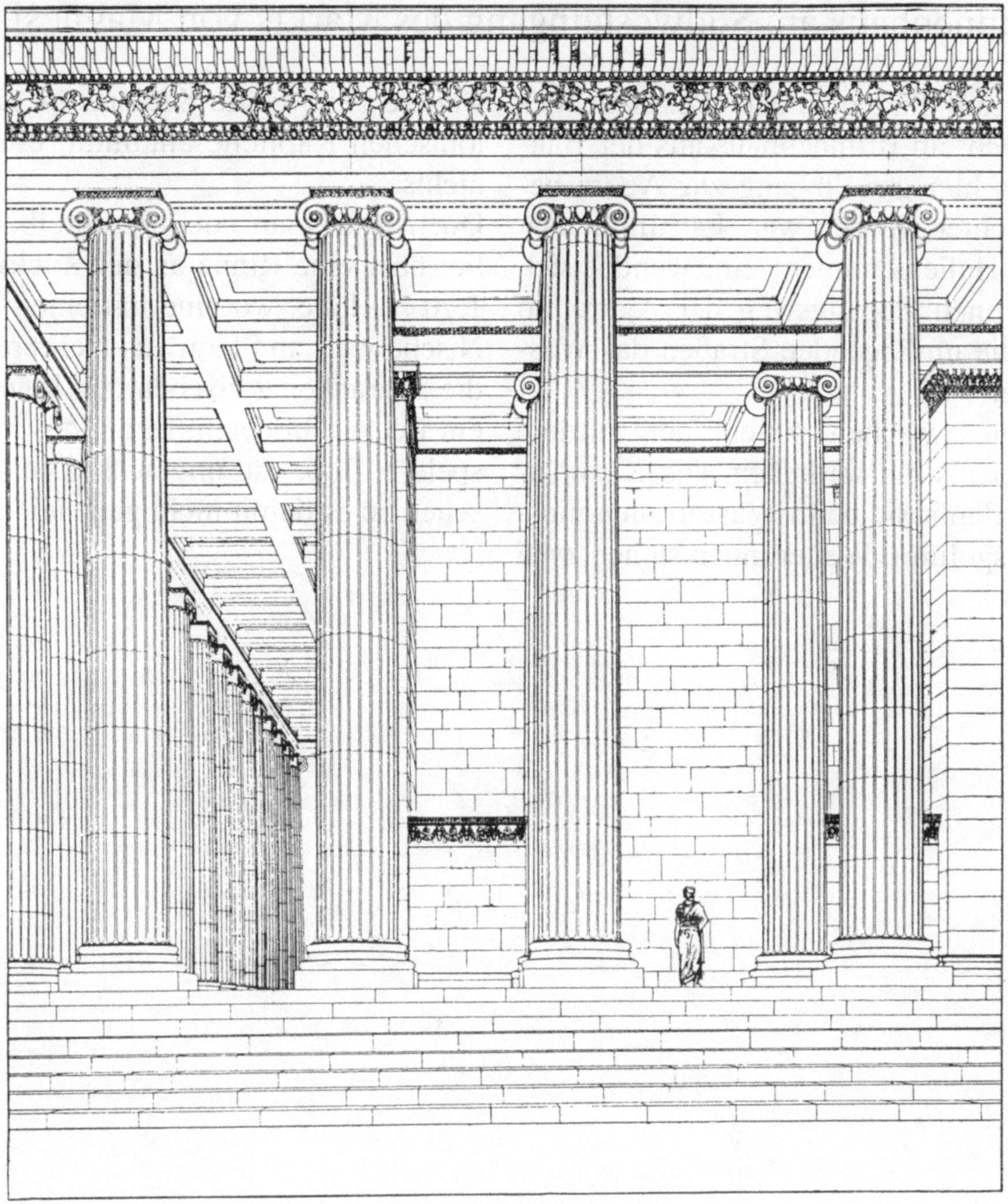

16. Blick auf das Brunnenhaus am Südwesteingang des Markts von Magnesia am Mäander.

Unter späteren Umbauten am Südende der Westhalle der Agora von Magnesia hat sich ein Brunnenhaus aus der Bauzeit der Halle erhalten, das hier am Eingang zur Agora besonders aufwendig eingerichtet worden war. Es nimmt den Raum der südlichsten der Hallenkammern ein, wendet sich aber zum ursprünglich offenen Zugangsweg der Agora, so daß dorthin, aber auch in die umliegenden Straßen das Wasser gebracht werden konnte.

Vorne stehen zwei Säulen zwischen Anten, der mittlere Durchgang ist etwas breiter als die seitlichen. Die Kanneluren der Säulen sind unten, damit sie beim Wasserholen nicht abgenutzt werden, nicht ausgeführt. Weiter innen stehen zwei weitere ganz glatte Säulen, für die man wie für die äußeren ionischen Kapitelle annimmt; erhalten hat sich vom Aufbau nichts.

Doch kann man noch beschreiben, wie das Wasser floß. Es lief über eine Rinne an der Rückwand des Brunnenhauses in 1,70 m Höhe, wo eine mit einem Keilsteinbogen überwölbte Nische war, und kam aus mehreren Löwenköpfen heraus. Ob die Schranken zwischen den Innensäulen schon ursprünglich ein Becken bildeten, in die das Wasser aus den Löwenkopfspeiern floß, ist ungewiß. Die Frauen auf der Zeichnung scheinen es damit nicht ganz leicht zu haben!

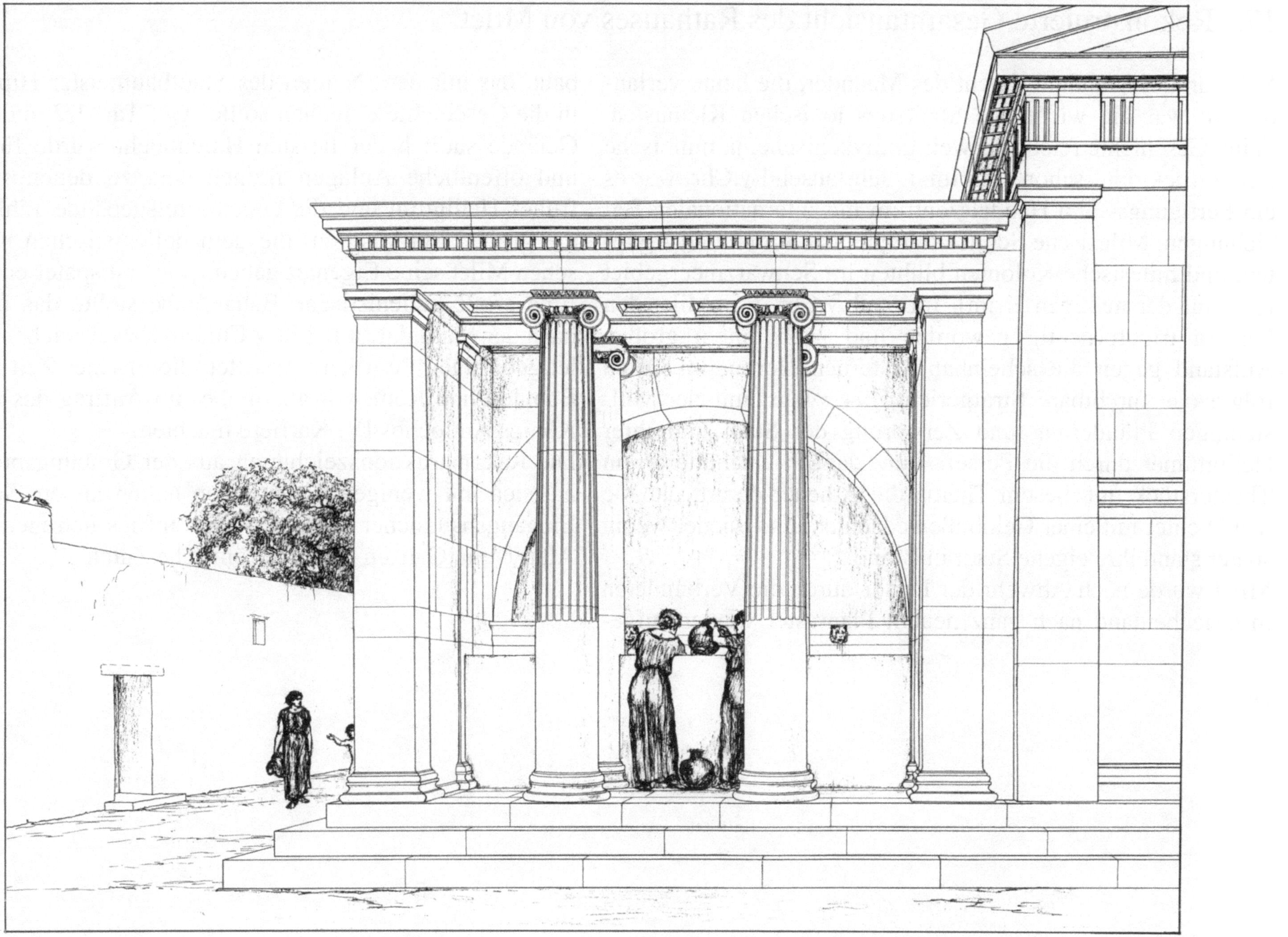

17. Rekonstruierte Gesamtansicht des Rathauses von Milet.

Milet an der Mündungsbucht des Mäander, die heute verlandet ist, war die wichtigste Stadt des ionischen Kleinasien. Seine Geschichte reicht bis weit in mykenische, ja minoische Zeit zurück, und schon früh im 1. Jahrtausend v.Chr. war es ein Fertigungs- und Handelszentrum mit internationalen Beziehungen. Milesische Schiffe fuhren nach Syrien und Ägypten, und milesische Kolonien blühten im Schwarzmeergebiet (u.a. auf der heutigen Krim). Im 6. Jh.v.Chr. war Milet den Persern tributpflichtig geworden und nach einem großen Aufstand gegen die scheinbar so fernen Herren im Osten folgte das furchtbare Strafgericht 494 v.Chr. mit der vollständigen Plünderung und Zerstörung der Stadt und ihrer Heiligtümer durch die Perser. Kurz danach erschütterte ein Theaterstück mit diesem Thema die Athener derart, daß sie den Dichter mit einer Geldbuße bedachten; und wieder wenig später stand ihre eigene Stadt in Brand.

Milet wurde nach Abwehr der Perser durch die Verbündeten in Griechenland nach ganz neuem Planraster wieder aufgebaut, das mit dem Namen des Stadtbaumeister Hippodamos in die Geschichte eingehen sollte (vgl. Taf. 1/2 und 26). Das Gelände südlich der tiefsten Hafenbucht wurde für Märkte und öffentliche Anlagen freigehalten, zu denen sicher ein frühes Heiligtum und die ersten Amtsgebäude zählen. Aber die großen Markthallen, die dem hellenistischen und römischen Milet seine Eigenart gaben, sind erst später entstanden. Eine große hellenistische Bauaufgabe stellte das neue Rathaus der Stadt dar, um 170 v.Chr. von zwei reichen, aus Milet gebürtigen Politikern gestiftet, die in jener Zeit zwischen Babylon und Rom, vor allem aber im Auftrag des syrischen Königs Antiochos IV. Karriere machten.

Die Rekonstruktionszeichnung aus der Grabungspublikation hat sich mit wenigen Änderungen halten lassen. So hat der Eingangsbau sicher nicht den Waffenfries getragen, und der Altar ist im Ganzen erst eine römische Zutat.

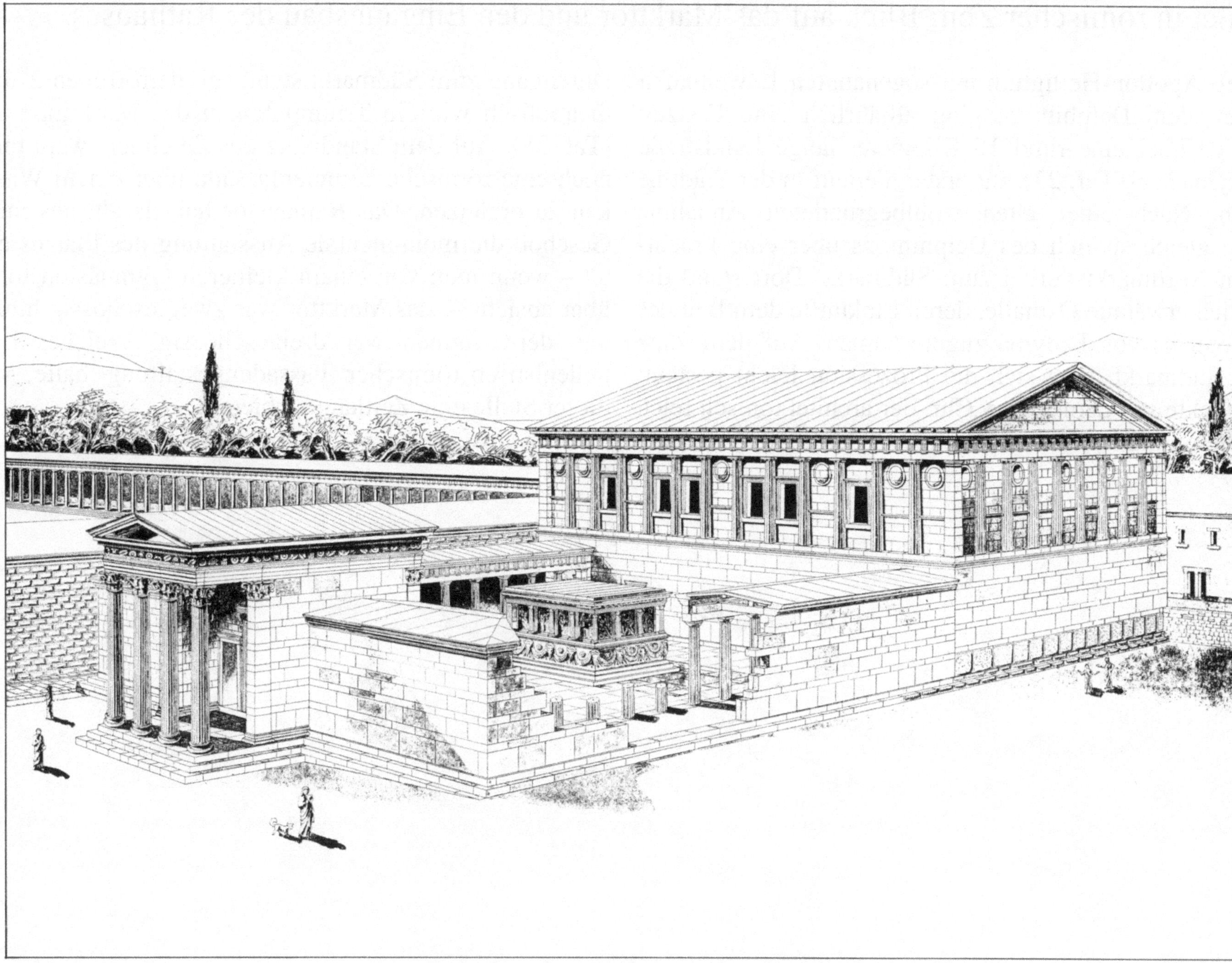

18. Milet in römischer Zeit: Blick auf das Markttor und den Eingangsbau des Rathauses.

Vom alten Apollon-Heiligtum am sogenannten Löwenhafen von Milet, dem Delphinion, ging alljährlich eine Festzug nach Süden über eine rund 15 Kilometer lange Landstraße nach Didyma (vgl. Taf. 27). Ihr erster Verlauf in der Stadt ist umstritten. Nach einer alten wohlbegründeten Annahme führte sie gleich südlich des Delphinions über eine Prachtstraße am Nordmarkt vorbei zum Südmarkt. Dort stand die inschriftlich erwähnte Osthalle, deren Einkünfte dem Bau des Apollontempels von Didyma zugute kamen. Auf dem Platz vor dem Südmarkt hätte sich die Prozession leicht gestaut: dorthin blickte seit dem 2. Jh.v.Chr. der architektonisch reich ausgestaltete Eingangsbau des Rathauses der Stadt. Über dem Durchgang zum Südmarkt stand seit dem frühen 2. Jh.n.Chr. theatralisch wie ein Triumphbogen das Markttor von Milet (Taf. 38). Auf dem Standplatz des Zeichners wäre hinter uns noch eine römische Brunnenfassade über einem Wasserbekken zu ergänzen. Das Rathaustor hat als ältestes mit einem Geschoß die monumentale Ausstattung des Platzes eingeleitet – wenn man von einem kleineren Gymnasionstor gegenüber absieht –, das Markttor war zweigeschossig hinzugetreten, der Brunnen war dreigeschossig. Welches Lehrbuch hellenistisch-römischer Fassadengestaltung hatte Milet an dieser Stelle eine Zeitlang zu bieten!

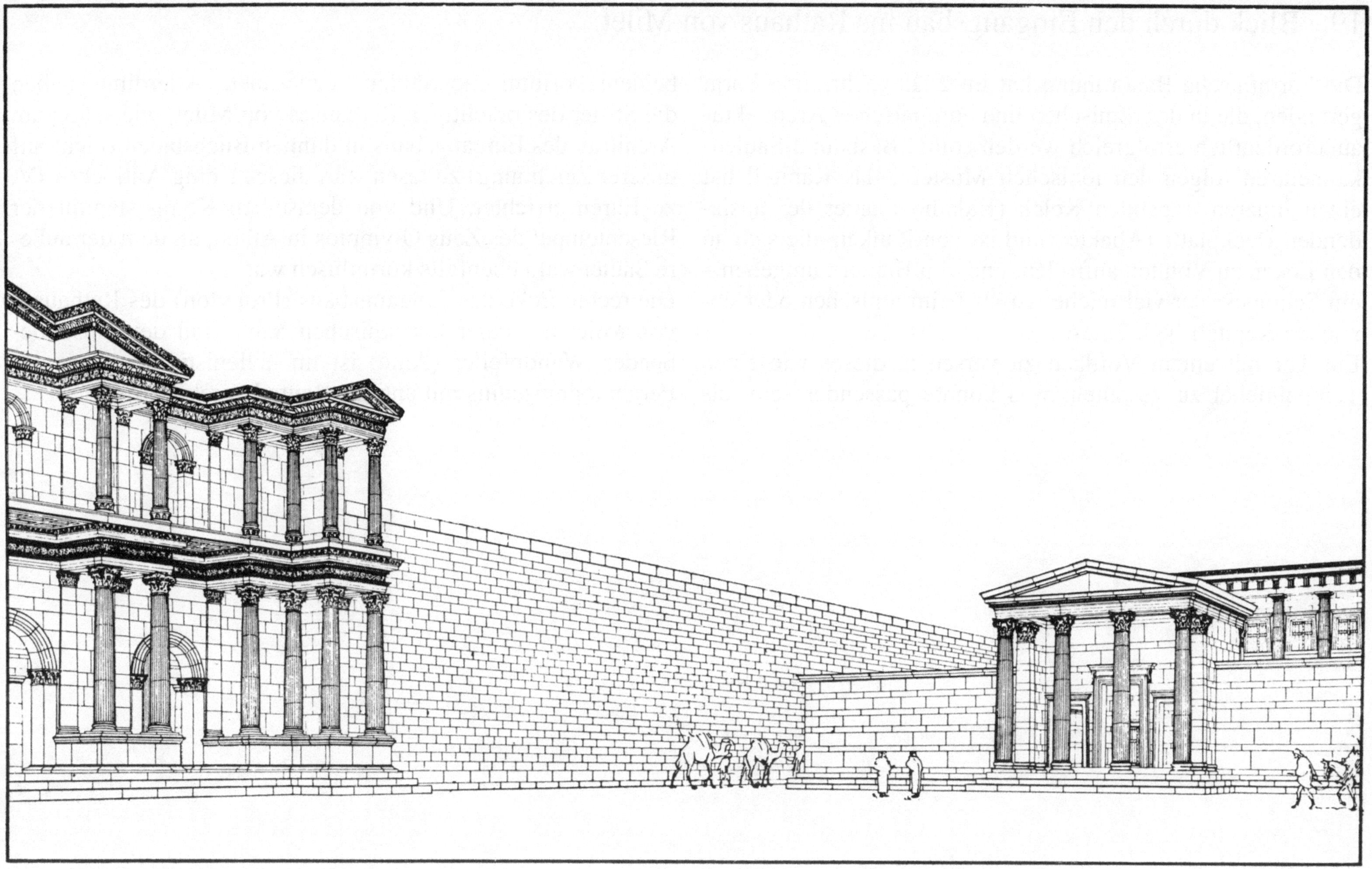

19. Blick durch den Eingangsbau ins Rathaus von Milet.

Die korinthische Bauordnung hat im 2. Jh.v.Chr. eine Form gefunden, die in der römischen und europäischen Architektur außerordentlich erfolgreich werden sollte. Basis und Säulenkanneluren folgen den ionischen Mustern, das Kapitell hat einen inneren tragenden Kelch (Kalathos) unter der ausladenden Deckplatte (Abakus) und ist von Ranken, die sich an den Ecken zu Voluten aufrollen, und von Blättern umgeben – ein Schmuck, der viel reicher ist als beim ionischen oder dorischen Kapitell (vgl. Taf. 6).

Ein Tor mit einem Vordach zu versehen, dieses wie einen Tempelgiebel zu gestalten, was konnte passender sein, als beidem korinthische Säulen zuzuordnen. Allerdings haben die Stifter des prächtigen Rathauses von Milet, wie schon am Architrav des Eingangsbaus in dünnen Buchstaben (nicht auf unserer Zeichnung) zu lesen war, dieses König Antiochos IV. zu Ehren errichtet. Und von demselben König stammt der Riesentempel des Zeus Olympios in Athen, an dem der äußere Säulenwald ebenfalls korinthisch war.

Die rechte Ecke des Eingangsbaus (Propylon) des Rathauses von Milet mit einer korinthischen Säule und dem anschließenden Wandpfeiler (Ante) ist im hellenistischen Saal des Pergamonmuseums mit antiken Bauteilen rekonstruiert.

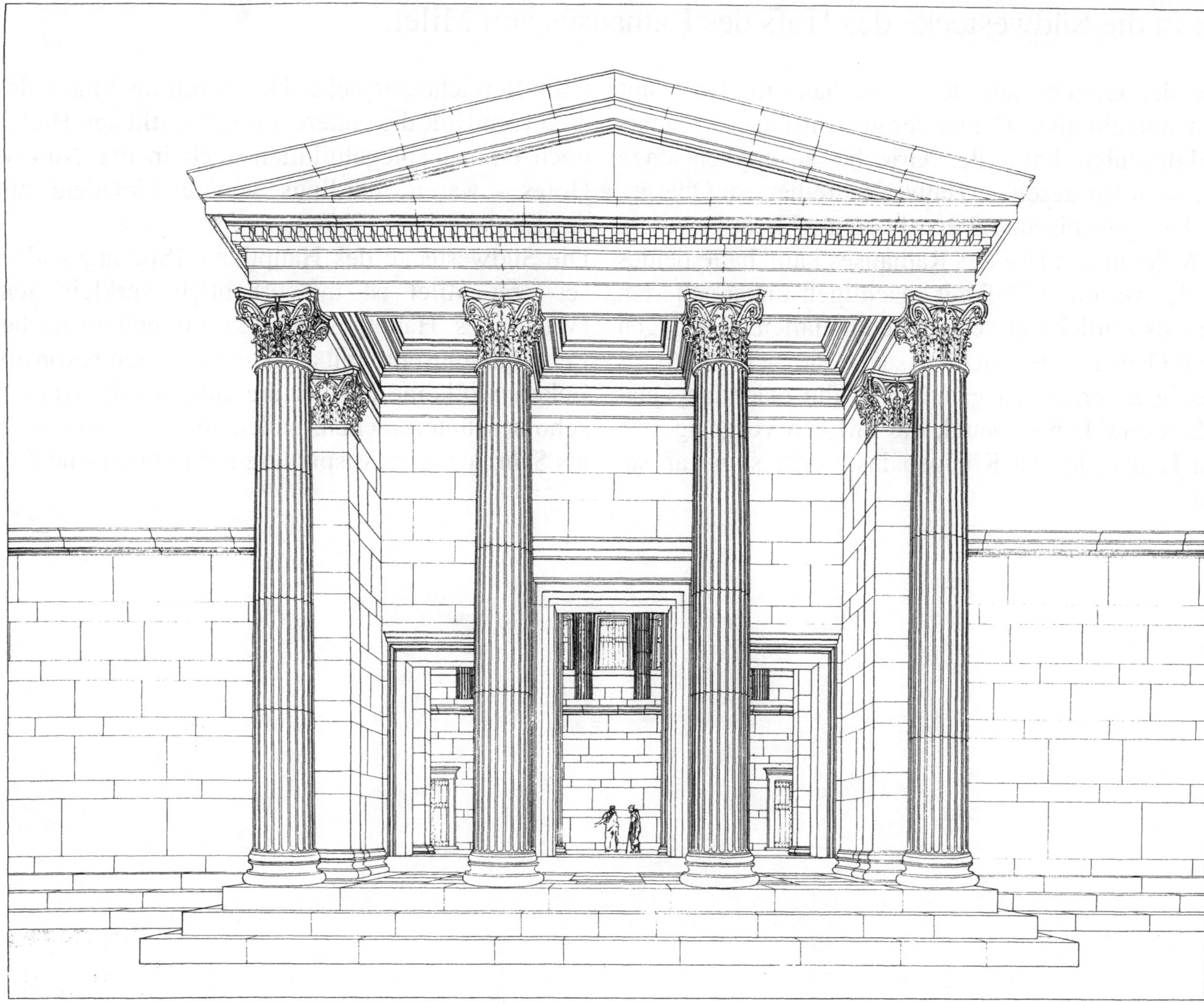

20. Blick in die Südwestecke des Hofs des Rathauses von Milet.

Höfe kannte der Grieche aus den Privathäusern, Höfe mit Säulenhallen sind ein altes Thema der griechischen Profanarchitektur. Halbsäulen hatte der Grieche an mykenischen Grab- und Torbauten gesehen, Halbsäulenreihen im Obergeschoß sind bei griechischen Palastbauten üblich gewesen. Wer hier in Milet in den Hof des Rathauses kam, hatte beides zu erleben: der vertraute Hof mit mächtigen unkannelierten Säulenreihen als seitlich tief verschatteten Hallen stieß gegen die gewaltige Ostwand des Sitzungssaals, die sich gleich als zweigeschossig zu erkennen gab. Unten die mächtige Quaderwand, oben eine Fensterwand, die mit den vorgelagerten kannelierten Halbsäulen an Königspaläste oder sogar an sakrale Bereiche anspielte. Die Türen ins Innere des Gebäudes, eine vom Hof, die andere aus der seitlichen Halle – und beide noch einmal spiegelbildlich auch in der Nordwestecke des Hofes – waren allerdings weniger einladend als diejenigen des Eingangsbaus (Taf. 19).

Die Südwestecke des Hauptbaus (Sitzungssaal) des Rathauses von Milet ist mit erheblich verkleinertem Unterbau (Wand des Hauptgeschosses) im hellenistischen Saal des Pergamonmuseum mit antiken Bauteilen rekonstruiert. In den Ecken, wo keine Fenster die aufgehende Wand des Obergeschosses unterbrachen, saßen große reliefierte Rundschilde als Schmuck und Anspielung auf kriegerische Taten.

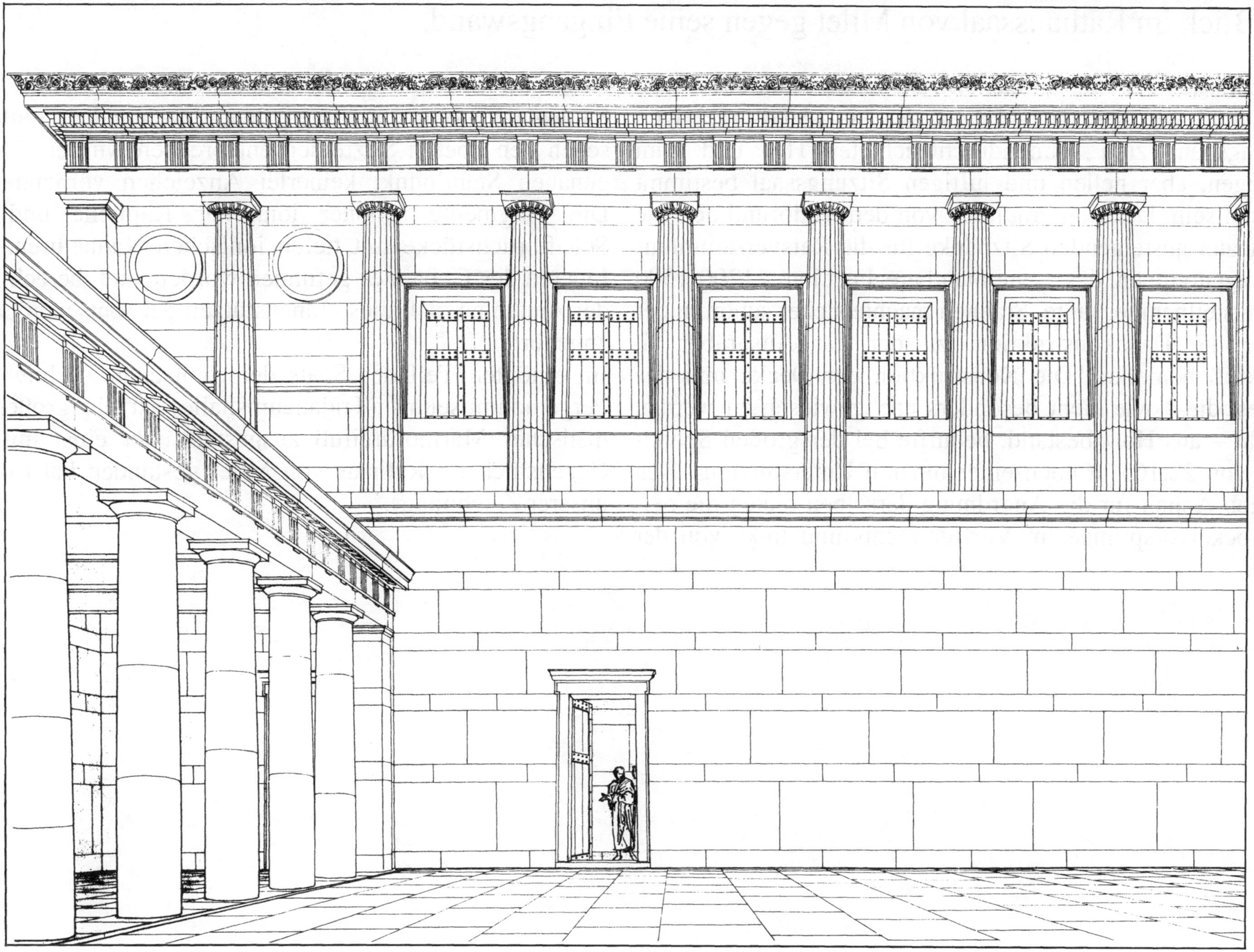

21. Blick im Rathaussaal von Milet gegen seine Eingangswand.

Der Eindruck für den antiken Besucher des Rathauses von Milet muß von den Gegensätzen des einladend-prächtigen Eingangsbaus zum sonnendurchleuchteten Hof und zum schattigen, aber hellen und luftigen Sitzungssaal bestimmt gewesen sein. Der Hauptraum ist von dem Halbrund der wie im Theater ansteigenden Sitzbänke für die Ratsversammlungen eingenommen, das – wie man berechnet hat – 1200-1500 Sitzungsteilnehmer faßte. Staunen machte sicher schon in der Antike die Dachkonstruktion, zu der der Ausgräber H. Knackfuß bemerkt: "Die Konstruktion der Decke und des Daches, die – wie nicht besonders nachgewiesen zu werden braucht – aus Holz bestand, bedurfte bei der großen Spannweite von 22,165 m noch einer inneren Unterstützung. Den einzigen Anhalt für die Anordnung derselben bieten die beiden Sockelvorsprünge im Vorflur rechts und links von der Orchestra. Sie sind in der Rekonstruktion als Träger zweier Säulen angenommen worden, denen zwei andere Säulen zwischen den oberen Sitzreihen entsprechen würden, für deren genauen Standpunkt keinerlei Anzeichen vorhanden sind. Die Fragmente schöner ionischer Kapitelle und einige Schaftbruchstücke mit tiefen ionischen Kanneluren, die im Inneren des Gebäudes gefunden worden sind, berechtigen zu der Annahme, daß diese Innenstützen der ionischen Ordnung angehörten".

Im erhöhten Teil des Saals der römischen Architektur des Pergamonmuseums (Trajaneumshalle) ist ein großer hellenistischer Marmordreifuß ausgestellt, der einst mit einem Gegenstück im Rathaus von Milet gestanden hat (nicht auf unserer Zeichnung).

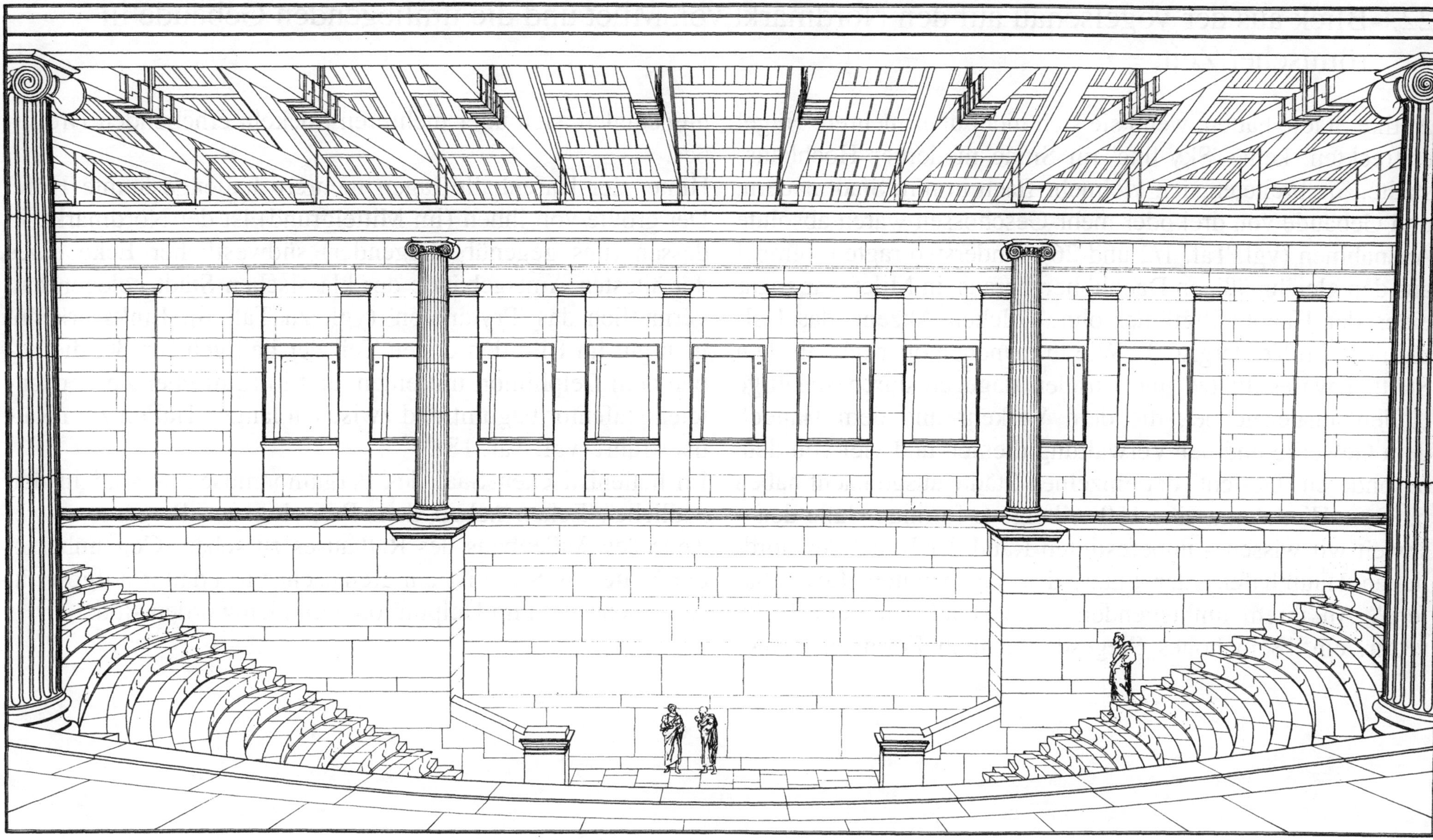

22. Blick aus der Vogelschau auf den Nordmarkt von Milet und die umliegenden Gebäude in römischer Zeit.

Antike Städte hatten, wenn sie sich nicht über mehrere Hügel erstreckten, keine 'Sky-line' im Sinne moderner Hochhausstädte. Sie breiteten sich vielmehr flach in ihre Stadtmauern, und Gebäude von drei oder mehr Geschossen waren absolute Ausnahmen (vgl. Taf. 1/2 und 26). Anderswo ragten Tempel aus den gleichmäßigen Dachhöhen heraus, in Milet war sogar eines der Hauptheiligtümer ohne solchen Akzent, das Delphinion (im Vordergrund). Wie in manchen oberitalienischen Städten waren Plätze und Straßen dagegen durch schattige Hallen ausgezeichnet, die dem Verkehr und dem Handel, dem Gewerbe und der Verwaltung dienten und viel von dem besonderen "Gesicht" der einzelnen Städte ausgemacht haben müssen. Hier säumt eine 150 m lange L-förmige Halle den – soweit wir wissen – unbefestigten Rand der Bucht des nördlichen Haupthafens der Stadt, des sogenannten 'Löwenhafens'. An ihrem umbiegenden Ende stand seit dem 1. Jh. v.Chr. ein 18 m hohes Siegesdenkmal in Form eines monumentalen, sich über mehreren Sockeln erhebenden Dreifußes.

Hinter der Hafenhalle lagen mehrere hallengesäumte Höfe. Der größte von ihnen (im Mittelgrund) ist der Nordmarkt, in dessen (uns gegenüberliegender) südwestlicher Ecke eines der ältesten Amtsgebäude der klassischen Stadt gelegen hat, vermutlich das 'Prytaneion' (vgl. zu Taf. 6). Links erkennt man gut im Bild den ersten Teil der heiligen Straße, die neben dem Delphinion mit einem erst in römischer Zeit errichteten Hafentor beginnt und zwischen langen Hallen zum Rathaus führt (vgl. Taf. 18).

Im hellenistischen Saal des Pergamonmuseums sind in den südlichen Ecken neben dem Propylon aus Pergamon zwei Teile des Außenbaus des Rathauses zu sehen. Gegenüber in der Mitte des Saals ist ein archaischer Rundaltar aufgestellt, wie solche auch im Delphinion gefunden worden sind.

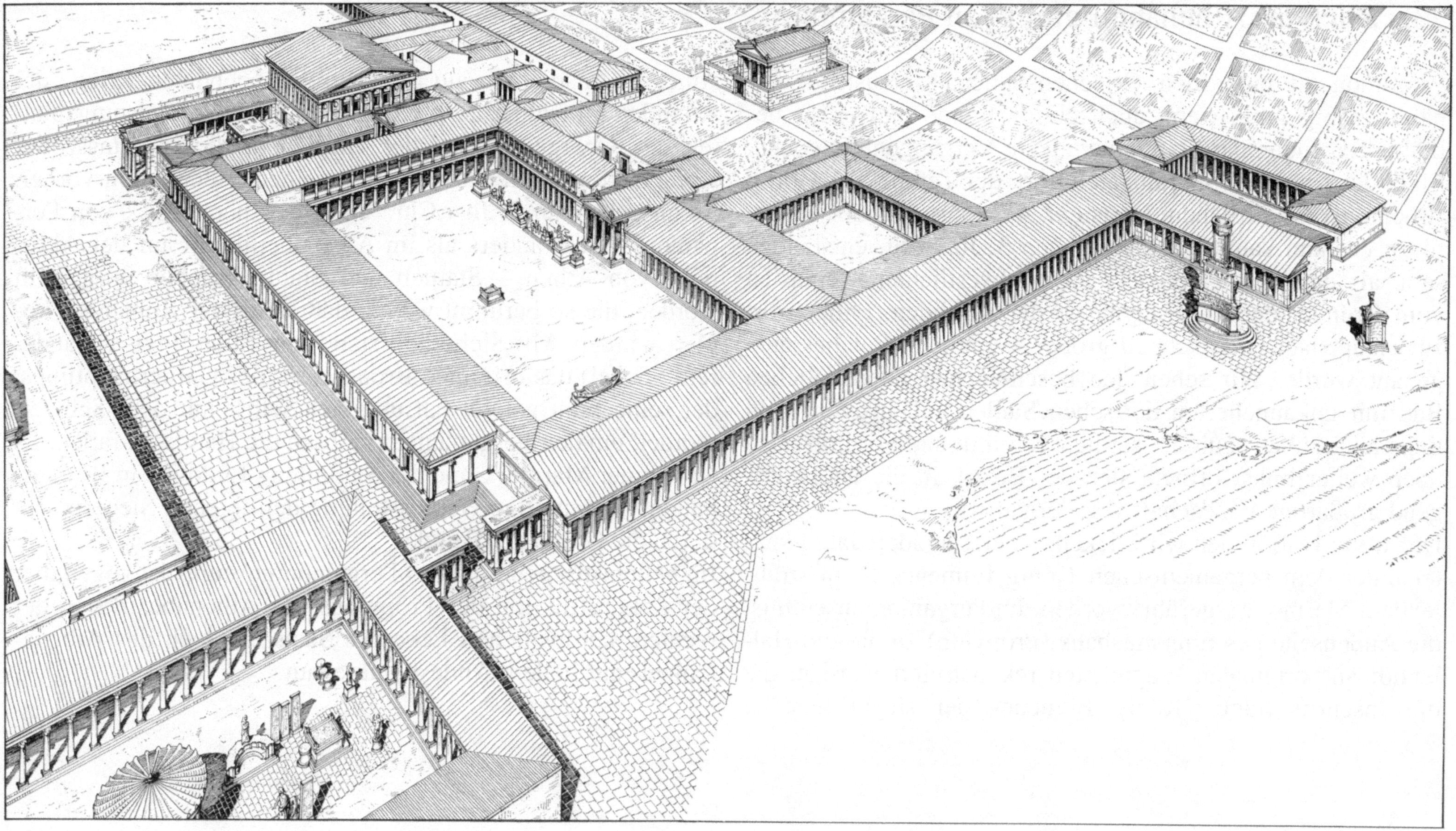

23. Blick ins Athenaheiligtum von Pergamon.

Pergamon ist unter den Griechenstädten Kleinasiens verhältnismäßig jung, wenn auch einige Funde und eifrig bemühte Legenden der Stadt eine eigene Vergangenheit geben. Einer der frühesten Sakralbauten dort, der Tempel der Göttin Athena, ist aus örtlichem Hartstein, nicht aus Marmor ausgeführt: er kann kaum vor dem frühen 3. Jh.v.Chr. entstanden sein, als das kleine Bergnest im nordwestlichen Kleinasien vom Gründer der Königsdynastie der Attaliden, Philetairos, zur Hauptstadt eines schnell größer werdenden Reiches ausgebaut wurde. Wir sehen den bescheidenen altertümlichen Bau mit unkannelierten dorischen Säulen auf unserem Bild links leicht überschnitten: seitlich von ihm und vor ihm (also noch weiter links) öffnete sich der Bezirk in die überwältigend großartige Landschaft von Pergamon.

Der weite Hof, in den wir blicken, ist erst hundert Jahre später unter dem pergamenischen König Eumenes II. in strahlendem Marmor ausgeführt worden. Im Pergamonmuseum ist die Außenseite des Eingangsbaus (Propylon) zu diesem Hallenhof aus originalen Fragmenten rekonstruiert worden, die die Inschrift trägt: "König Eumenes der siegbringenden Athena". Anspielung auf die siegreich beendeten Kriege der Attaliden im frühen 2. Jh.v.Chr. sind auch die Brüstungsplatten des Obergeschosses der Hofhallen, die in kunstvoller Komposition Beutewaffenhaufen zeigen. Aber schon vorher, im ausgehenden 3. Jh.v.Chr. sind im Athenabezirk von Pergamon – nicht anders als im Athenaheiligtum auf der Akropolis von Athen – Statuen und Statuengruppen aufgestellt worden, die so berühmt waren, daß sie in der Römerzeit kopiert wurden. Mit Sicherheit stand hier (allerdings auf anderem Sockel) das originale Bronzewerk des Gallierhäuptlings, der seine Frau getötet hat und sich selbst mit dem Schwert mordet, um den Pergamenern nicht in die Hände zu fallen. Es ist in einer Marmorkopie der Sammlung Ludovisi in Rom erhalten – eigenartige Herausstellung der eigenen Siegermacht durch die Größe der Feinde.

Im hellenistischen Saal des Pergamonmuseums ist gegenüber der Rekonstruktion des Propylons des Athenabezirks in der rechten, nordöstlichen Ecke des Saals ein Joch des Athenatempels aus hellem Andesit aufgebaut.

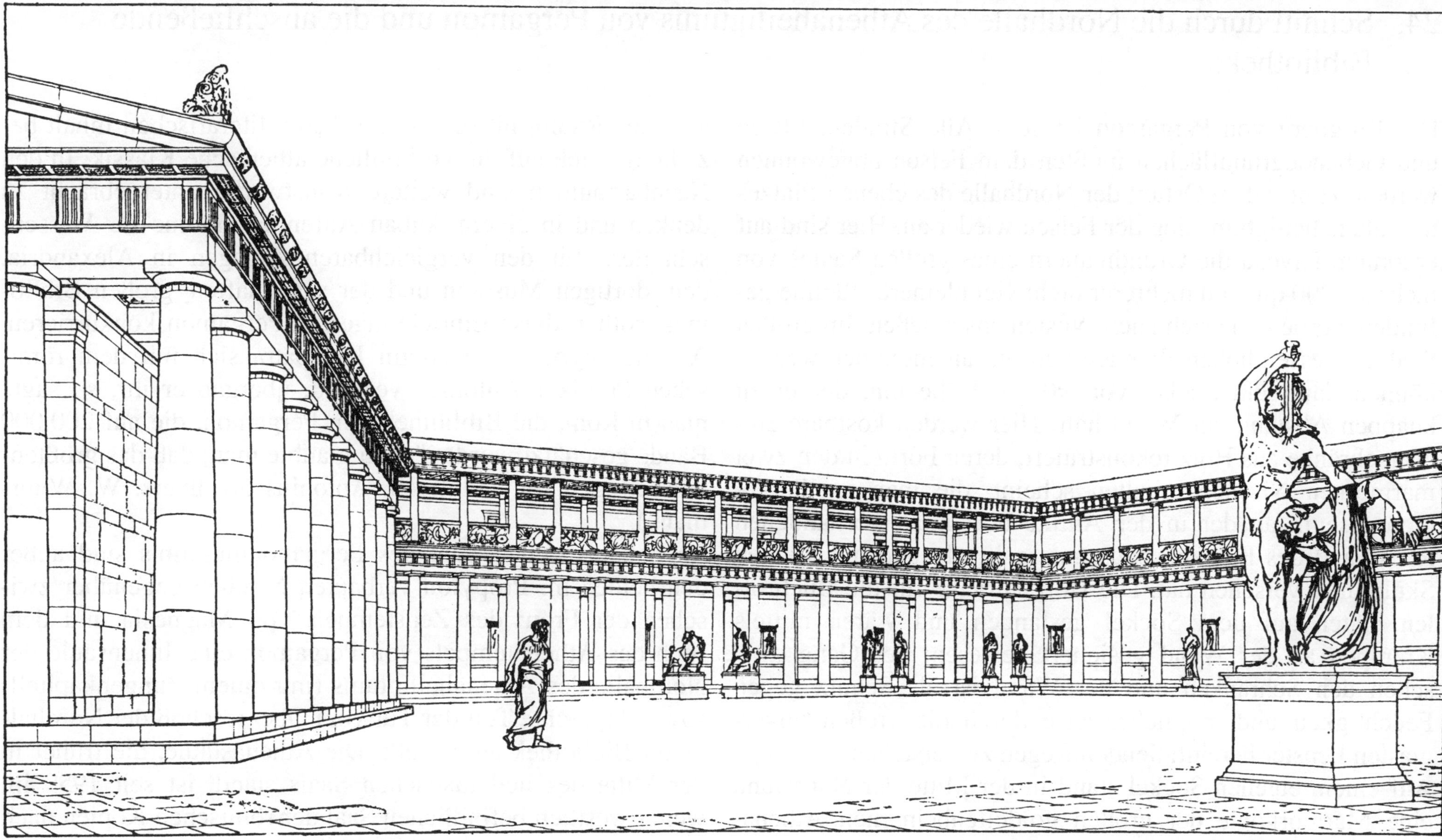

24. Schnitt durch die Nordhalle des Athenaheiligtums von Pergamon und die anschließende Bibliothek.

Der Burgberg von Pergamon ist steil. Alle Straßen, Plätze und Gebäudegrundflächen mußten dem Felsen abgewonnen werden. Hinter dem Ostteil der Nordhalle des ebenen Platzes im Athenaheiligtum stieg der Felsen wieder an. Hier sind auf erhöhtem Niveau die Grundmauern eines großen Saales von mehr als 200 qm und mehrerer nicht viel kleinerer Räume gefunden worden, die sich nach Westen anschließen. Im großen Saal, an dessen hohen Wänden Fenster angenommen werden können, läuft ein Sockel von 90 cm Höhe um, der einen knappen Abstand zur Wand hält. Hier werden kostbare Bücherschränke aus Holz rekonstruiert, deren Form in den zwei marmornen Nischen erhalten scheint, die man im Pergamonmuseum an der in der Antike dort nicht vorhandenen Rückwand des Eingangsbaus untergebracht und mit kleinen Skulpturen versehen hat. Die Holzschränke für die Buchrollen hätten auf dem Sockel gestanden und wären mittels Krampen an der Wand gesichert gewesen: der Gang zwischen den Schränken und der Wand ist als Schutz gegen Feuchtigkeit und möglicherweise durch die großen unverglasten Fenster hereinfallenden Regen zu verstehen.

Auf einem eigenen Sockel stand in der Mitte der Nordwand eine Marmorkopie der großen goldelfenbeinernen Athenastatue des Parthenon in Athen. Die dort etwa 12 m hohe Kultstatue war hier weniger als ein Drittel so groß, bezog aber den Raum mit seinem kostbaren literarischen Inhalt beziehungsreich auf die vorbildliche athenische Klassik. In den Nachbarräumen sind weitere Kunstwerke untergebracht zu denken und in einem Anbau Aufenthaltsräume für Wissenschaftler: mit den vergleichbaren Anlagen in Alexandria, dem dortigen Museion und der sagenhaften 'großen Bibliothek' sollten diese Einrichtungen in Pergamon konkurrieren. Als die ägyptische Königin Kleopatra sich mit dem römischen Politiker Antonius verband, übergab er ihr, so sagte man in Rom, die Bibliothek von Pergamon, die auf 200.000 Bände geschätzt wurde; "doch glaubte man, daß das größtenteils erlogen sei" (Plutarch, Antonius 58, übers. W. Wuhrmann).

Im hellenistischen Saal des Pergamonmuseums sind außer den beiden im Propylon verbauten Nischen gegenüber zwischen der Front des Zeustempels von Magnesia und dem Joch des Athenatempels von Pergamon eine Innensäule der Nordhalle des Athenaheiligtums (mit einem Zungenkapitell) sowie der rechte Teil der Tür vom Obergeschoß der Nordhalle zur Bibliothek aufgestellt. Die Athenastatue, die früher in der Mitte des hellenistischen Saals stand, ist seit 1959 im weiter westlich befindlichen Saal der römischen Kopien nach griechischen Meisterwerken aufgestellt.

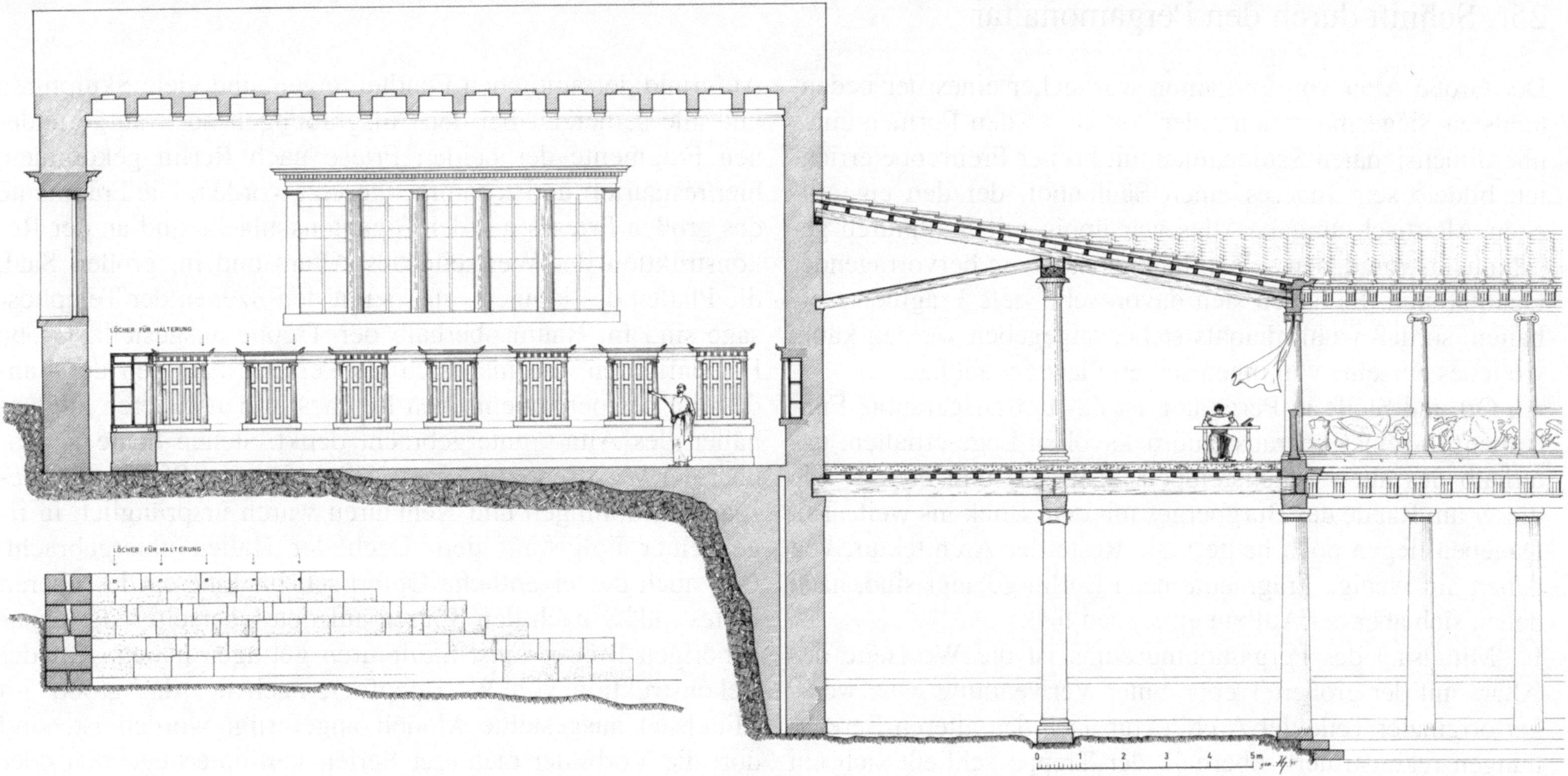
LÖCHER FÜR HALTERUNG
LÖCHER FÜR HALTERUNG
0 1 2 3 4 5m

25. Schnitt durch den Pergamonaltar.

Der Große Altar von Pergamon war sicher eines der bedeutendsten Siegesmonumente der Antike. In den Formen eines überdimensionalen Säulenaltars mit breiter Freitreppe errichtet, bildete sein Inneres einen Säulenhof, der den eigentlichen Altartisch umgab. Alles war üppig mit Skulpturen geschmückt, von denen selbst die kleinsten von hervorragender Qualität sind. Es haben sich davon sehr viele Fragmente erhalten, so daß wohl niemals sicher angegeben werden kann, wo jedes einzelne von ihnen seinen Platz gehabt hat.

An Ort und Stelle in Pergamon ist das tief ausgeraubte Fundament in seiner überaus eindrucksvollen Lage erhalten, unterhalb des alten Athenatempels (Taf. 23) und ebenso wie dieser am Rande des Burgberges mit dem Blick ins weite Tal. Daneben liegen noch heute viele Reste der Architektur, von denen nur wenige Fragmente nach Berlin gelangt sind, nach denen sich aber der Aufbau errechnen ließ.

Im Mittelsaal des Pergamonmuseums ist die Westseite des Altars mit der großen Treppe unter Verwendung ganz weniger originaler Teile der Architektur nach den älteren Berechnungen rekonstruiert; oberhalb der Treppe schließt sich ein Ausstellungsraum an, der die Lage des antiken Hofs des Großen Altars angibt, ihm aber weder in seiner Gestalt noch in seinen Ausmaßen entspricht.

Aufgrund der amtlichen Fundteilungen sind viele Skulpturen und alle seinerzeit bei den Ausgrabungen noch aufgefundenen Fragmente der beiden Friese nach Berlin gekommen, hier restauriert und zusammengesetzt worden. Die Fragmente des großen Frieses mit der Gigantenschlacht sind an der Rekonstruktion der Westseite des Altars und im großen Saal, die Platten des kleinen Frieses mit den Szenen der Telephossage sind im Raum oberhalb der Treppe ausgestellt. Große Frauenfiguren, die man sich als Personifikationen der Landesteile des pergamenischen Reiches in den äußeren Säulenhallen des Altars untergebracht denkt, stehen heute gegenüber der Westtreppe. Kleinere Götterfiguren, Pferde von Gespannen, Sphingen und Kentauren waren ursprünglich in irgendeiner Folge auf dem Dach der Hallen untergebracht. Und auch der eigentliche Opfertisch im Inneren des oberen Hofes müßte nach den Spuren auf den Oberseiten der dazugehörigen Blöcke einst Skulpturen getragen haben. Auf der Rekonstruktion von W. Hoepfner, nach der das große, im Mittelsaal ausgestellte Modell angefertigt worden ist, sind dort die Vorbilder mehrerer Serien von unterliegenden oder sterbenden Galliern, Persern, Amazonen und Giganten unterzubringen, von denen römische Kopien heute in italienischen Museen zu sehen sind.

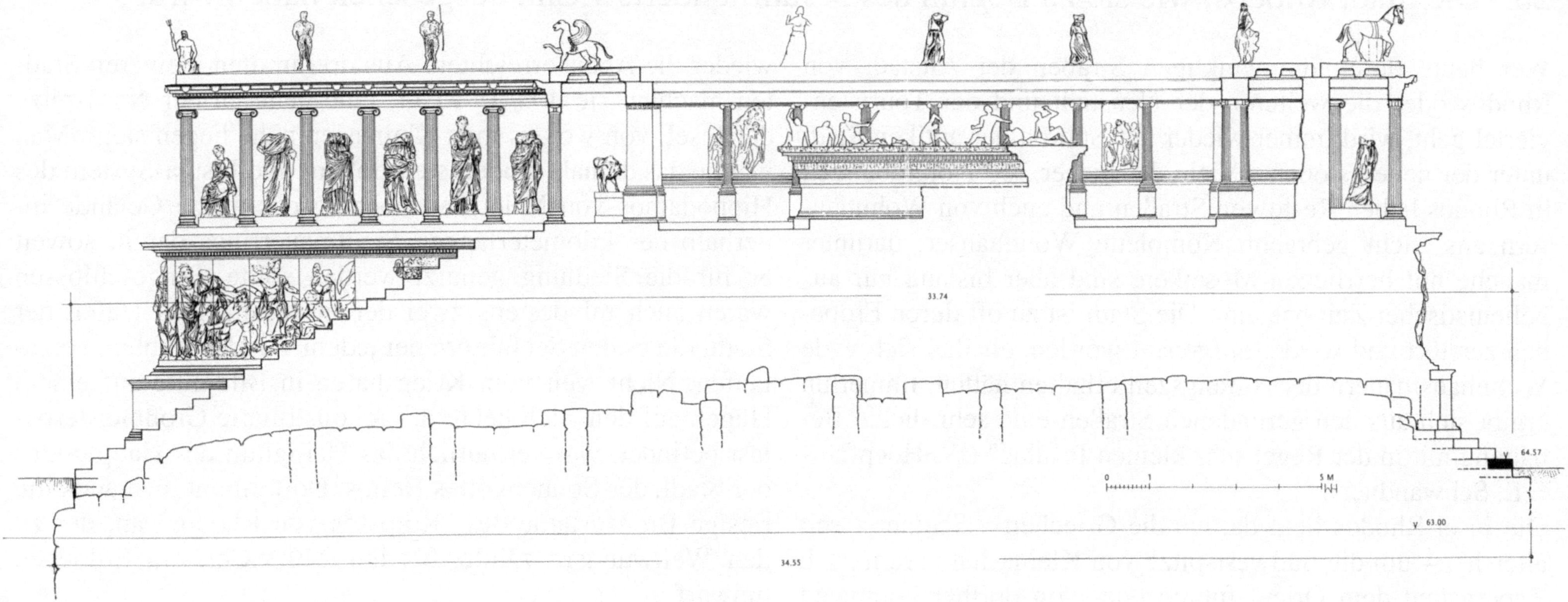
33.74
64.57
0
1
5 M
63.00
34.55

26. Die Stadt Rhodos, wie sie zu Beginn des 3. Jahrhunderts v.Chr. ausgesehen haben wird.

Wer heute durch die winkligen Straßen der Altstadt von Rhodos oder die weiteren der Neustadt und der Touristenviertel geht, wird immer wieder auf Spuren der antiken Stadt unter der neuen stoßen. "Viele der bisher 200 Notgrabungen in Rhodos haben Reste von Straßen und auch von Wohnhäusern ans Licht gebracht. Komplette Wohnhäuser, darunter manche mit herrlichen Mosaiken, sind aber bislang nur aus hellenistischer Zeit bekannt. Die Stadt ist zu oft durch Erdbeben zerstört und wieder aufgebaut worden, als daß sich viele Wohnhausmauern der Anfangszeit erhalten hätten. Immerhin ergibt sich aus den gefundenen Straßen eine sehr dichte Bebauung mit in der Regel sehr kleinen Insulae" (W. Hoepfner-E.L. Schwandner).

Die Insel Rhodos liegt da, wo die Griechen – Seefahrer seit altersher – um die Südwestspitze von Kleinasien herum nach Zypern und dem Orient fuhren oder von dorther kommend wieder die Ägäis erreichten. Aus drei uralten kleineren Städten machten sie 408/07 v.Chr. eine neue an der Nordspitze der Insel, von wo aus man Kleinasien nahe liegen sieht. Man wählte das damals modernste Straßen- und Insula-System des Hippodamos von Milet und überzog das ganze Gelände innerhalb des kilometerlangen Stadtmauerrings damit, soweit es für die Siedlung genutzt werden sollte. Eingeschlossen waren auch mindestens zwei der insgesamt fünf Häfen der Stadt, die es den Seefahrern bei jedem Wind erlaubten, einzulaufen. Nicht weit vom Kriegshafen in Bildmitte auf einem Hügel, auf dem sich heute der rekonstruierte Großmeisterpalast befindet, war vermutlich das Heiligtum des Hauptgottes der Stadt, des Sonnengottes Helios. Dort nimmt man auch die riesige Bronzestatue des "Kolosses von Rhodos" an, der zu den Weltwundern zählte, bis ihn 226 v.Chr. ein Erdbeben umwarf.

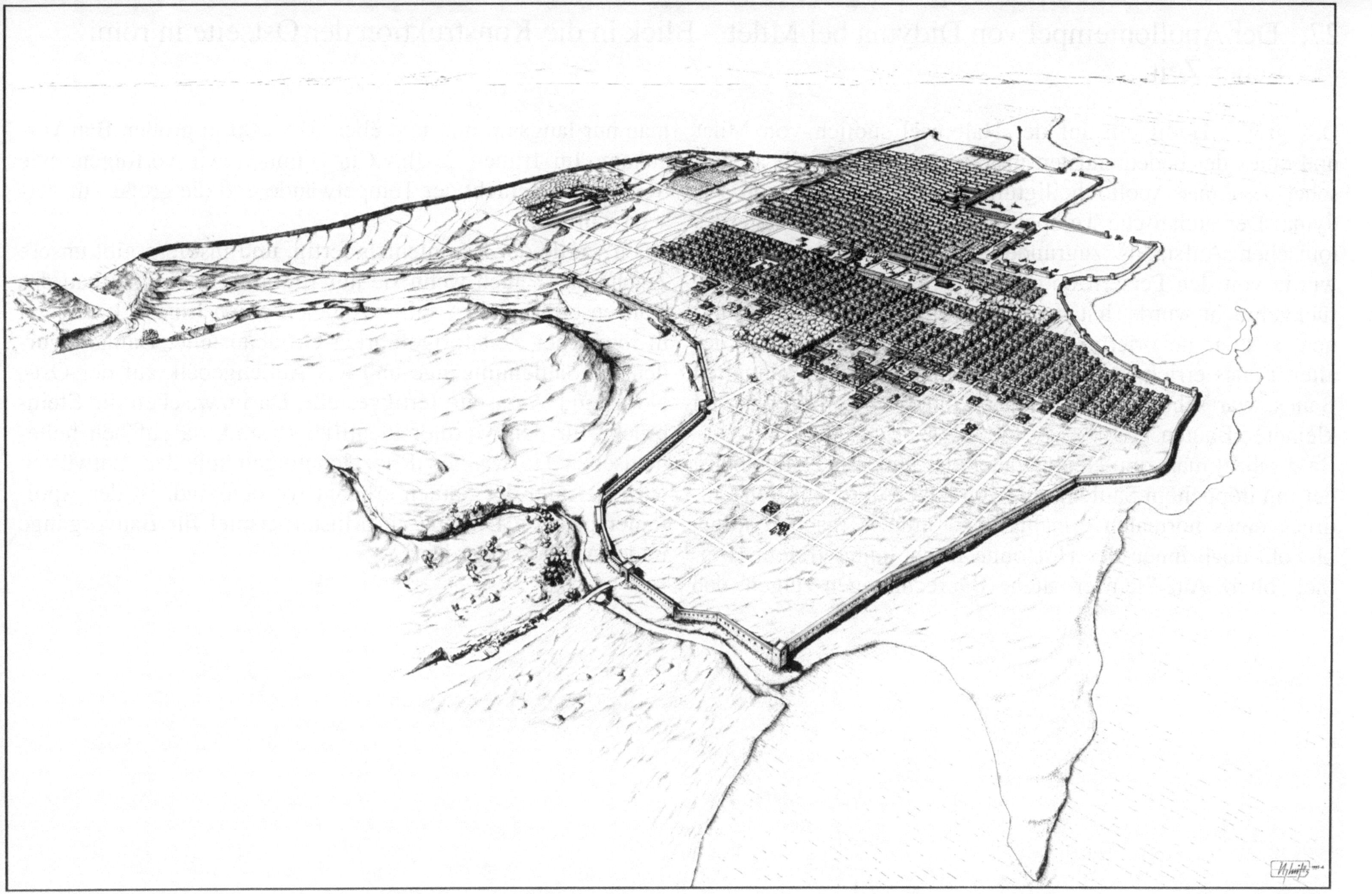

27. Der Apollontempel von Didyma bei Milet – Blick in die Konstruktion der Ostseite in römischer Zeit.

Das größte Heiligtum auf der Halbinsel südlich von Milet und eines der bedeutendsten in ganz Ionien war seit archaischer Zeit das Apollonheiligtum mit dem Orakel von Didyma. Der archaische Tempel ging 494 v.Chr. in Folge des ionischen Aufstands zugrunde, das Kultbild des Apollon wurde von den Persern entführt. Als es um 300 v.Chr. zurückgebracht wurde, hat man ihm einen neuen, relativ kleinen, kostbar dekorierten Tempel innerhalb der Ruinen des alten Baues errichtet: dort, also im Inneren des riesenhaften Baues, war schon immer ein Hof mit Quelle, Lorbeer und kleineren Bauten.

Bald schritt man zum Neubau auch des äußeren Tempelbaus, der mit doppeltem Säulenkranz von außen durchaus den Eindruck eines normalen griechischen Tempels machen sollte, obwohl doch innen der Hof ohne Dach "unter freiem Himmel" blieb. Auf Stein erhaltene Baurechnungen zeigen, daß man nur langsam mit dem über 50 x 100 m großen Bau vorankam. Im frühen 2. Jh.v.Chr. können wir verfolgen, wie Schicht um Schicht der Tempelwände und die große Tür versetzt wurden.

Doch wurde der Bau niemals fertig, und insofern gibt unsere Zeichnung – auch wenn sie nur Einblick in den Aufbau des Ganzen ermöglichen soll – zugleich einen Eindruck der erst in römischer Zeit fortgeführten Großbaustelle. Damals wurden die Säulenumgänge und das Außengebälk auf der Ost-, Nord- und Westseite fertiggestellt. Da inzwischen die Steinbrüche für den Marmor identifiziert sind, da auf den hellenistischen Hofwänden Ritzzeichnungen mit den Entwürfen zum Beispiel der Säulen erkannt worden sind, ist der Apollontempel von Didyma ein Musterbeispiel für Bauvorgänge in der Antike geworden.

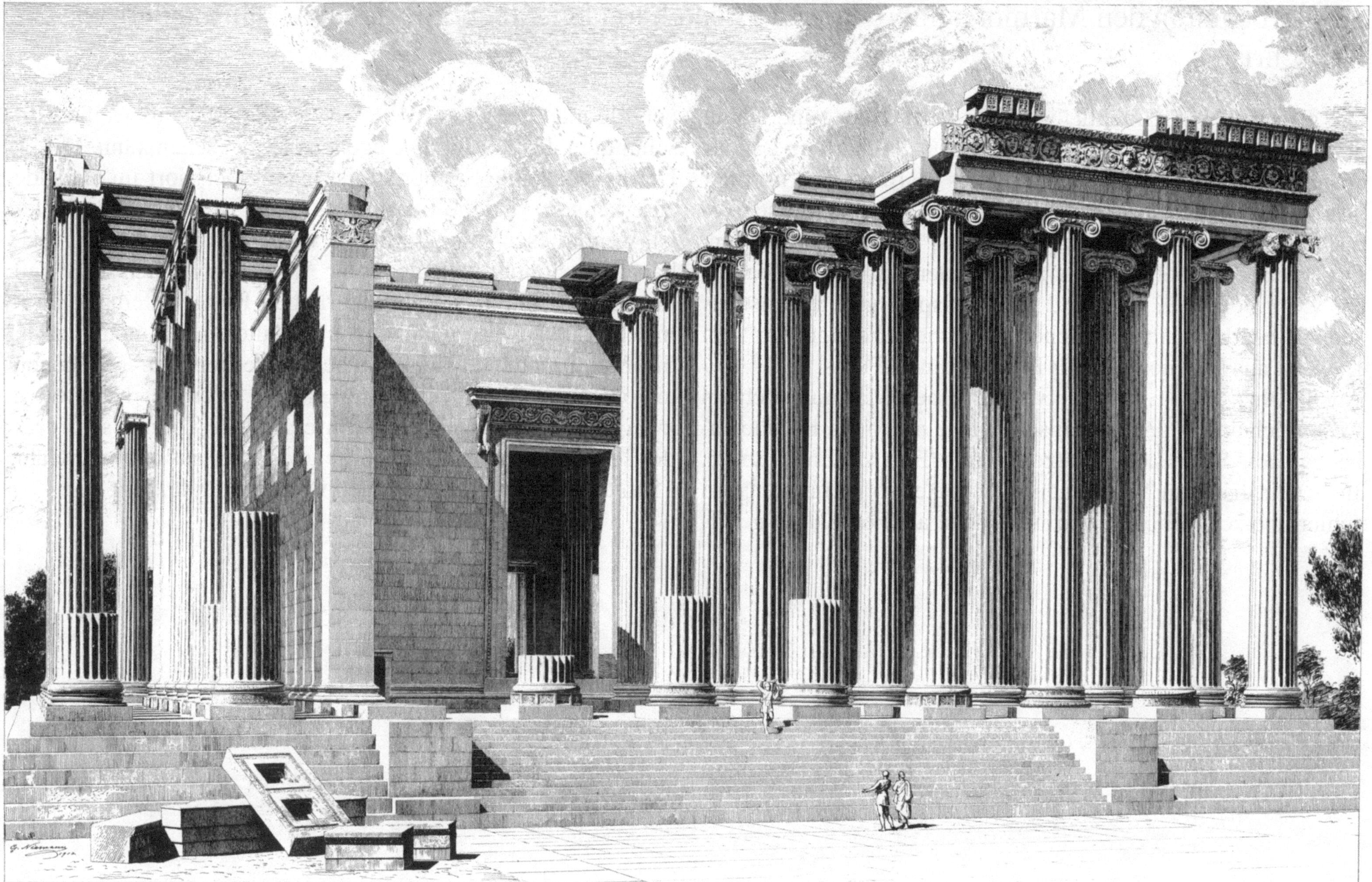

28. Arbeiten in den Marmorsteinbrüchen am Pentelikon bei Athen im frühen 5. Jahrhundert vor Christus.

Die griechische Architektur verdankt ihren Glanz und Ruhm dem griechischen Marmor, der an vielen Stellen des Landes ansteht. Allerdings ist die Nutzung des Marmors erst im Lauf des 6. Jhs.v.Chr. häufiger geworden und Brüche, die schwerer zugänglich waren, sind erst später aufgesucht worden. Der große Tempel in Olympia aus dem 2. Viertel des 5. Jhs.v.Chr. (Taf. 33) besteht zum Beispiel größtenteils aus schwer bearbeitbarem örtlichem Muschelkalk, und nur sein Dach ist aus Marmor von der Kykladeninsel Paros.

Auch Athen bezog im 6. Jh.v.Chr. seinen Marmor noch im wesentlichen von den griechischen Inseln, wo die Brüche nahe bei den Schiffslandeplätzen lagen. Erst zu Ende des 6. Jhs.v.Chr. hat man anscheinend die später so berühmten und schier unerschöpflichen Marmorbrüche am Pentelikon geöffnet, die man bei gutem Wetter von Athen aus als weiße Einschnitte in den nördlich gelegenen Bergen sehen kann.

Der hier gezeigte Steinbruch ist heute noch dort im Gelände zu erkennen. "Da die Gewinnung eines Blockes viel leichter ist, wenn dieser von natürlichen Gesteinsrissen umgrenzt ist, haben die Steinbruchleute in der Antike – wie auch sonst und bis heute – möglichst alle natürlichen Risse für eine ökonomische Brechweise genutzt. Sie gestalteten, ja modellierten die Steinbrüche, in dem sie beim Brechen den gegebenen tektonischen Oberflächen folgten" (M. Korres). Nach etwa zwei Monaten war ein Block für ein ca. 12 Tonnen schweres dorisches Kapitell soweit bearbeitet, daß er aus dem ungefähr 15 m tiefen Steinbruch gezogen werden konnte.

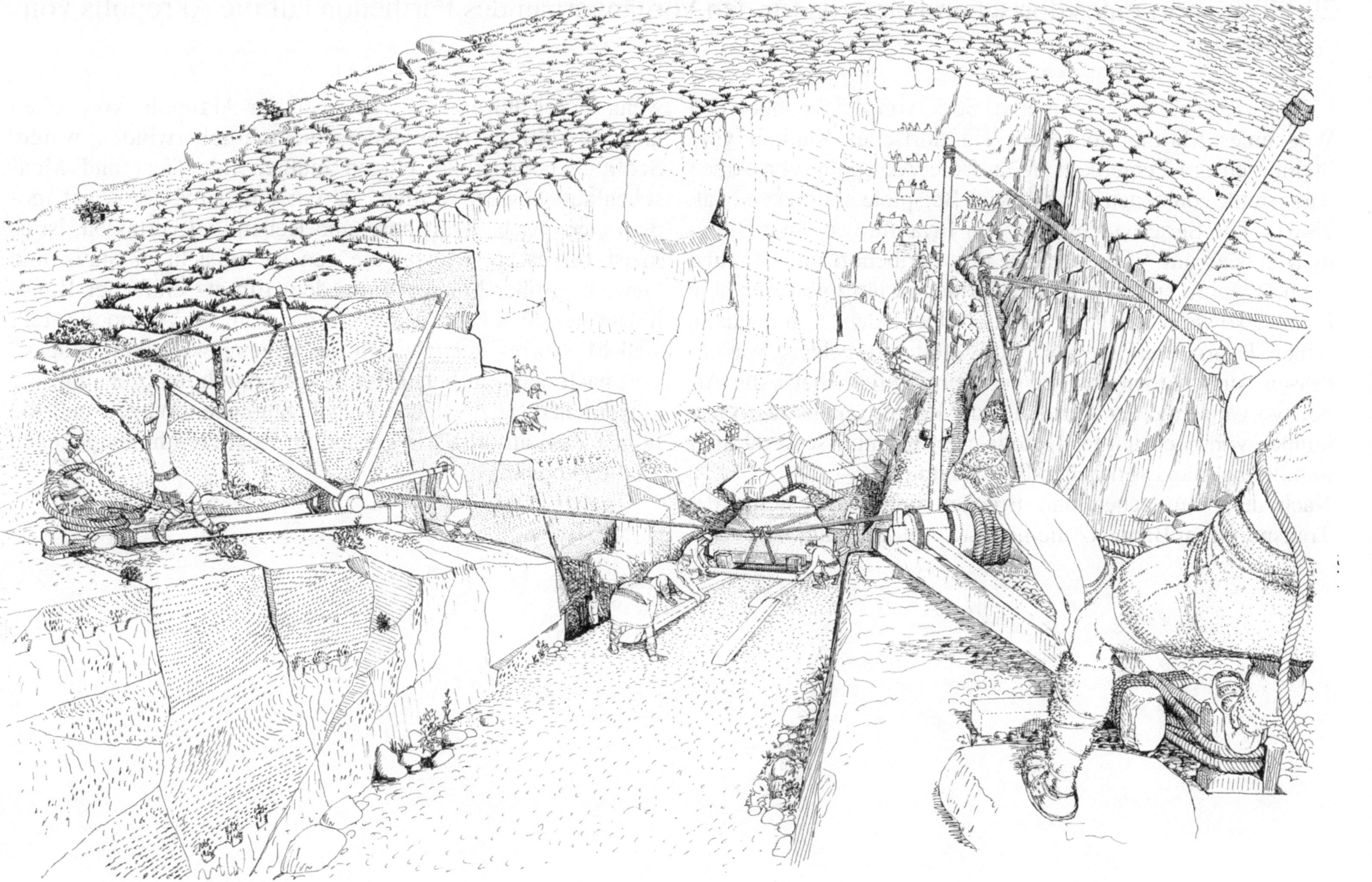

29. Transport eines dorischen Kapitells für den Vorgängerbau des Parthenon auf die Akropolis von Athen.

Manolis Korres hat 1992 in einer Serie von Zeichnungen den Weg eines Marmorblocks für ein dorisches Kapitell vom Steinbruch am Pentelikon bis auf die Akropolis von Athen dargestellt, von denen wir hier vier Beispiele abdrucken (Taf. 28-31). Die Serie handelt von den Erfahrungen eines Steinmetzen, der am Vorgängerbau des Parthenon um 485 und noch 50 Jahre später auch am Parthenon tätig gewesen sein könnte, sowie von einem Kapitellblock, den er mit einem feinen Haarriß auf die Akropolis geliefert bekam, was zu dessen Ausscheiden aus der Fertigung geführt hat. Alle Arbeitsvorgänge auf der Akropolis, die Korres rekonstruiert hat, künden von höchsten technologischen Kenntnissen und ihrer unmittelbar handwerklichen Bewältigung.

Nach dem Aussuchen und Brechen der Steine stellte der Transport zum Bauplatz die höchste Anforderung, besonders wenn dieser auf einem Felsen wie der Akropolis von Athen lag, wo 240 m Höhenunterschied zu überwinden waren. Schlitten oder große Wagen mußten mit Tier- und Menschenkraft bewegt werden. Da wir uns heute gerne auf moderne technische Transport- und Hebemittel verlassen, ist es meist vergessen, wieviel die genaue Einsicht in Statik und Gewicht großer Massen unter dem Einsatz einfacher Rundhölzer bewegen kann. Beim Aufgang auf die Akropolis stellt sich M. Korres ein "System der gegengewichtigen Wagen" vor, nach dem ein beladener Wagen durch den vor ihm leer gewordenen, jetzt wieder bergab fahrenden Wagen und die nötige Zahl an (abwärts gehenden) Zugtieren hinaufgezogen werden konnte.

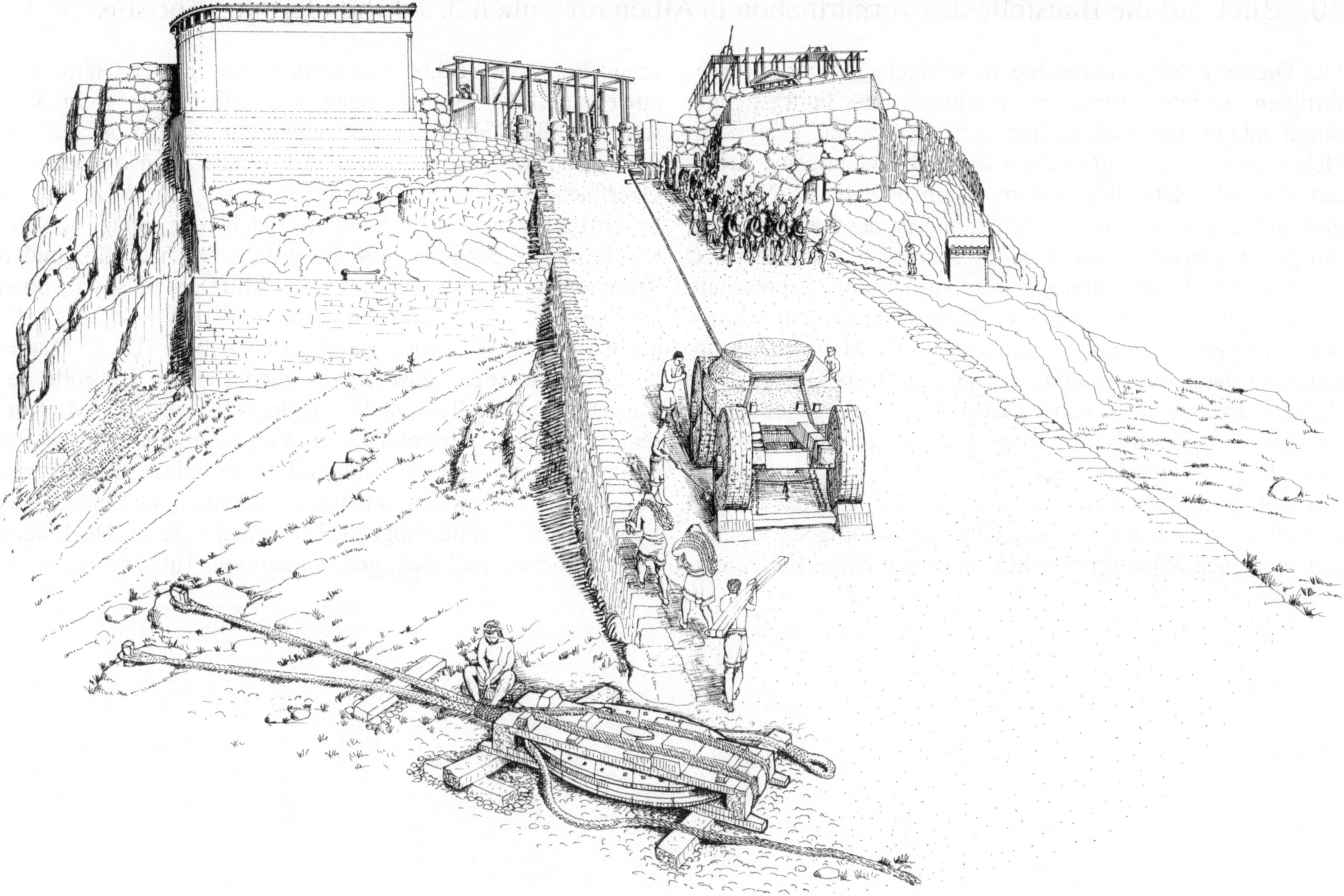

30. Blick auf die Baustelle des Vorparthenon in Athen im frühen 5. Jahrhundert vor Christus.

Die Ordnung der ankommenden, weitgehend schon vorgefertigten Architekturteile am Bauplatz, ihre Fertigstellung durch fähige Steinmetzen und der Versatz mit geeigneten Hebewerkzeugen über Gerüsten waren die wichtigsten Arbeiten, die auf relativ begrenztem Raum östlich des Neubaus stattfinden mußten. Auf der Zeichnung ist der Bauplatz nach Ausgrabungsnotizen aus dem 19. Jahrhundert rekonstruiert worden, bei denen unfertige Säulentrommeln, Steinschutt, Werkzeuge und sogar rote Zeichenfarbe gefunden worden sind. Die Gerüste, Rampen, Seilwinden und Hebevorrichtungen sind nach Einlaßspuren und antiken Darstellungen, die Arbeitsvorgänge nach den Erfahrungen wiedergegeben, die bei den jetzigen Restaurierungsarbeiten auf der Akropolis von Athen gewonnen worden sind.

An mehreren Stellen ist festgehalten, was man nach neuen Forschungen über die absolute Glättung der Fugen zwischen den einzelnen Säulentrommeln beobachten kann: Im Vordergrund links und rechts sind Steinmetzen an der Glättung je einer Lagerfläche verschiedener Säulentrommeln. Beim Versetzen mußte jede Trommel umgedreht werden, so daß die glatte Fläche nach unten auf die gerade ebenso geglättete Oberfläche der unteren Trommel zu liegen kam. Jetzt erst, also am Bau, wurde auch die obere Fläche der zuletzt versetzten Trommel geglättet, um die untere der nächstfolgenden Trommel aufzunehmen. Links im Mittelgrund sowie oben auf dem Bau sind Arbeiter mit großen Platten beschäftigt, die ein Gitter von hölzernen Handgriffen haben. "Diese Platten hatten den einzigen Zweck, zur wiederholten Kontrolle der Lagerflächen der Trommeln angelegt zu werden" (M. Korres). Erst nach Abschluß aller Versatzarbeiten hätten die Säulen von oben nach unten mit feingratigen Kanneluren versehen werden sollen, das heißt, es hätte noch eine "Haut" vom ganzen Gebäude abgezogen werden müssen. Doch dazu ist es in diesem Fall nicht gekommen (vgl. Taf. 31).

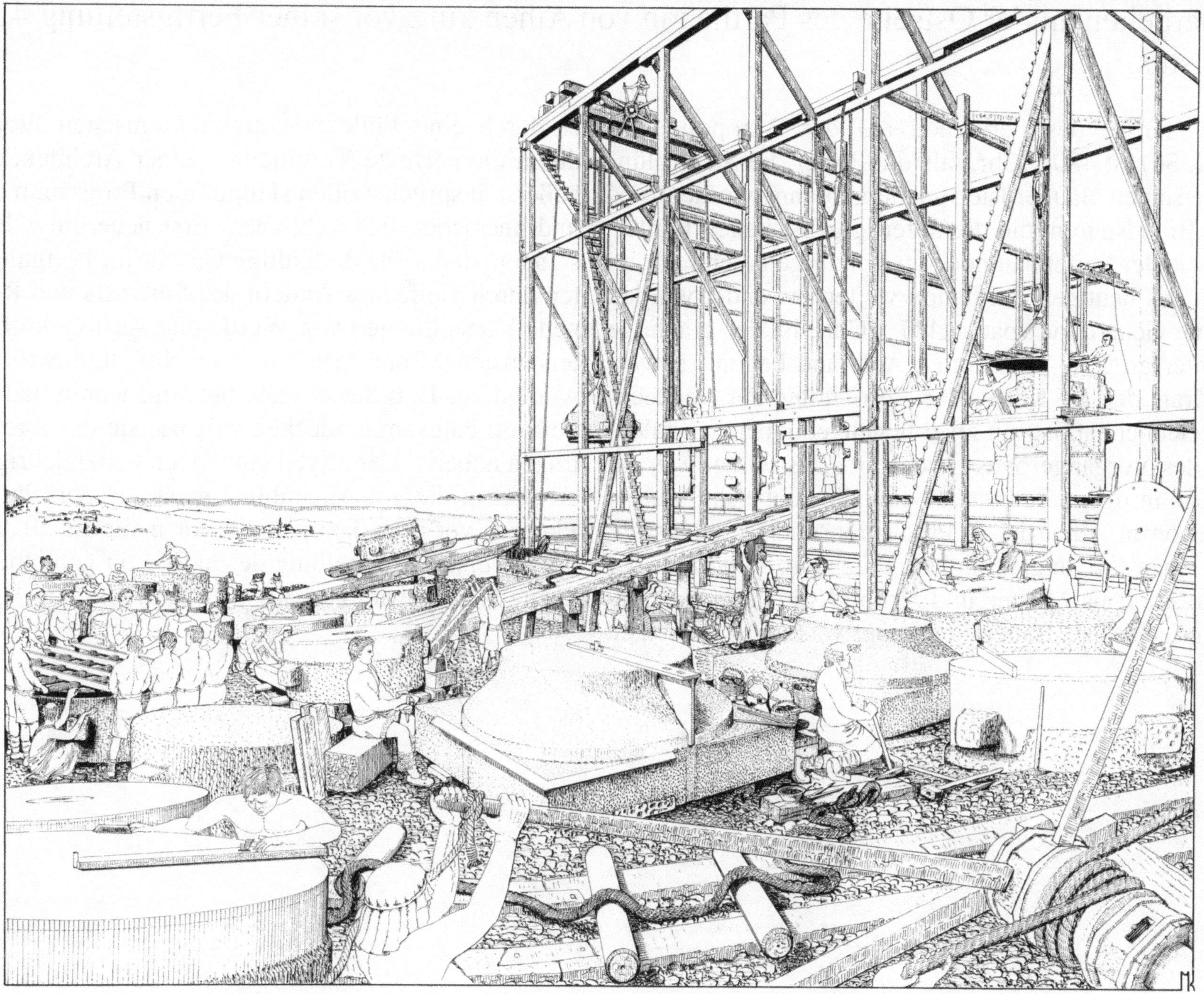
MK

31. Bauarbeiten an der Ostseite des Parthenon von Athen kurz vor seiner Fertigstellung 432 vor Christus.

Der Vorgängerbau des Parthenon auf der Akropolis von Athen (Taf. 30) ist 480 v.Chr., als die Perser die Stadt plünderten, mit seinen Baugerüsten niedergebrannt worden: das zeigen die Brandspuren, die die unfertig gebliebenen Bauteile ebenso wie der Stufenbau noch an sich tragen, der dann im Fundament des heutigen Parthenon weiterverwendet worden ist. Erst eine Generation später, 447 v.Chr., ist der prächtige Neubau unter großem finanziellen Aufwand begonnen worden. Der Kran, den M. Korres zur Aufrichtung der Dacheckstücke gezeichnet hat, ist mit zwei liegengebliebenen Säulentrommeln des Vorgängerbaus beschwert. Das letzte, was am Neubau noch fertig werden mußte, sind die Giebelskulpturen. Der Parthenon in Athen ist in Proportion und Detailausführung von einer fast unglaublichen Präzision. Schon in der Antike wurde er als Muster und Vorbild für dorische Ordnung und griechisches Bauen überhaupt verstanden. Doch ist er durch eine Fülle von architektonischen Eigenarten und durch die perfekte Verbindung seiner Architektur mit einem äußerst anspruchsvollen skulpturalen Programm unerreichbar und unerschöpflich geblieben. Erst neuerdings hat man verstanden, daß seine endgültige Gestalt im Fortgang der Arbeiten durch vielfaches Ändern des Entwurfs und Reagieren auf neue Vorstellungen von Würde und Aussagekraft des bedeutendsten Monuments eines machtvollen Staates gefunden worden ist. Daß daran viele beteiligt waren, hat man immer gewußt; langsam entdecken wir, *wie* sie das ihre dazu beigetragen haben: "Der altgediente, über siebzigjährige Steinmetz arbeitet in diesem Augenblick genau an derselben Stelle des Plateaus vor dem Tempel wie vor mehr als 50 Jahren, als er bei der ersten Herstellung des halbfertig gebliebenen Säulenkapitells tätig war (Taf. 30)" (M. Korres).

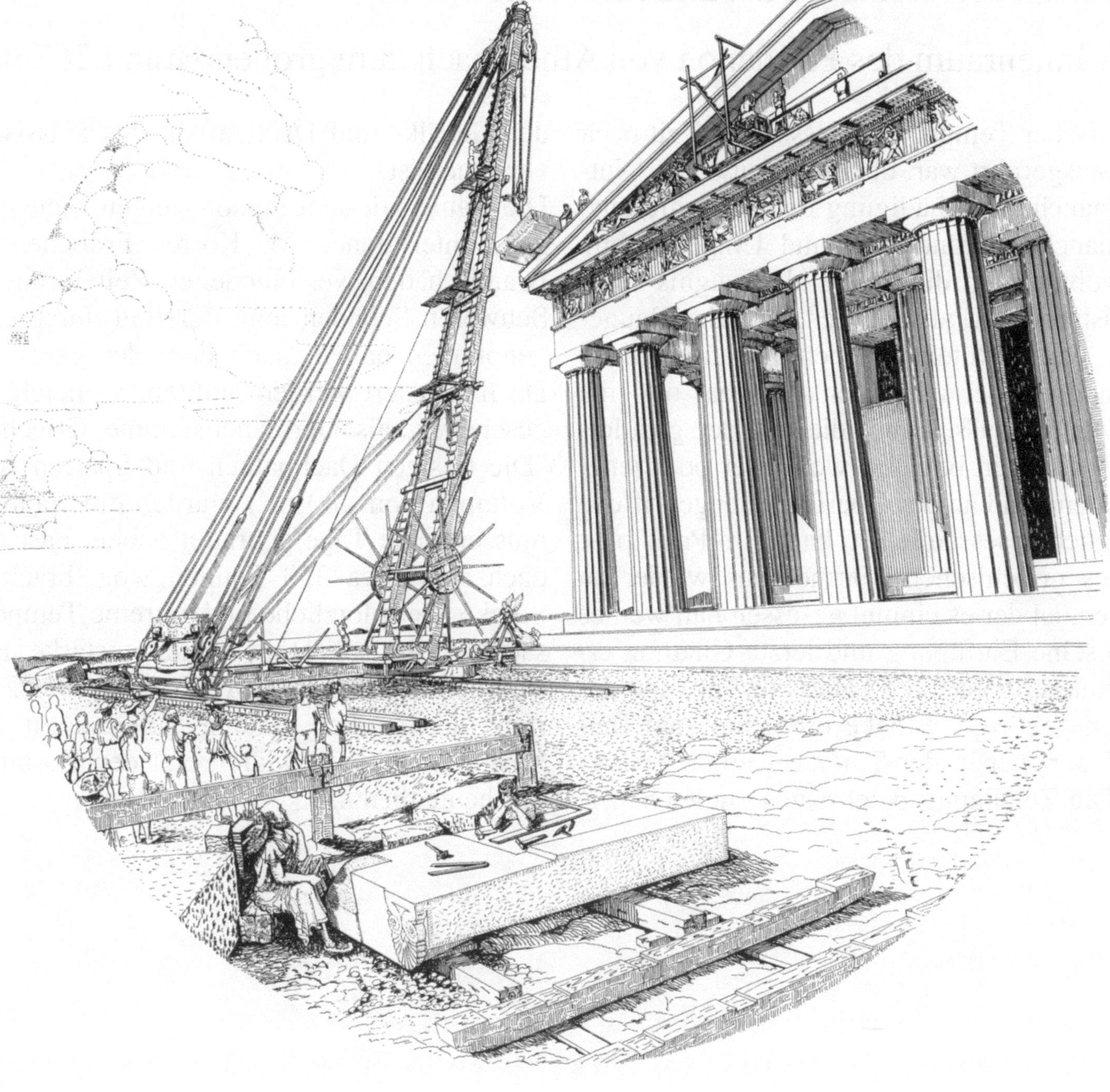

32a. Die Konstruktion der Vorhalle des Parthenon von Athen.

32b. Blick in den Innenraum des Parthenon von Athen nach dem großen Brand 267 nach Christus.

So perfekt ein griechischer Tempel der klassischen Zeit nach langer Bauzeit auch ausgeführt war, über die Zeit seiner Nutzung erlitt er doch manche Beschädigung und Verwitterung, manchen Umbau, manche Veränderung und Umgestaltung. Unser Blick ist gewohnt, auch die Ruine als Zeugnis eines einst kompletten Zustandes zu akzeptieren, und der Baugeschichtler hilft uns, den architektonischen Zusammenhang am Tag der Fertigstellung heraufzurufen. Das hat oft eine Detailbeobachtung zur Voraussetzung, die mit der geduldigen Beantwortung der Fragen beginnt, wo dieser oder jener aus dem Gefüge geratene und an der Oberfläche angegriffene Block denn ursprünglich gesessen haben kann. Im Prinzip ist jedes Fragment eines griechischen Marmorbaus wieder an die Stelle zu versetzen, an der es einmal gesessen hat, weil es erst an dieser Stelle seine Einfügung und letzte Glättung erfahren hat. Solche exakte Beobachtung aller zur Türwand des Parthenon von Athen gehöriger Blöcke erbrachte zum Beispiel erst 1982, daß dort neben der Tür zwei große Fenster angebracht waren. Die Zeichnung belehrt uns zugleich, wie der Gebälk- und Dachaufbau des klassischen Parthenon zu verstehen ist.

Die Säulen des Parthenon zeigen viele verschiedene Schäden, unter denen M. Korres Erdbeben-, Explosions- und Brandschäden verschiedener Zeiten unterscheiden konnte. Schweren Schaden muß der Bau durch einen großen Brand genommen haben, nach dem der ganze Innenbau und das Dach erneuert werden mußten; vielleicht ist das 267 n.Chr. geschehen, als Germanenstämme Griechenland plünderten. "Die riesigen Dachbalken und Sparren (Bauholz mit einem Volumen von 480 m^3) wurden ein Raub der Flammen und müssen viele Tage gebrannt haben. Fast das ganze Marmordach, das etwa 350 Tonnen wog, brach zu Boden und in Stücke. Der plötzliche und extreme Temperaturanstieg verursachte dort, wo Holz brannte, starke Hitzerisse an allen Marmoroberflächen" (M. Korres). Die Zeichen der Zerstörung der antiken Bauten gehören zu ihrem historischen Zeugniswert und erklären erst den Zustand, in dem sie sich uns heute bieten.

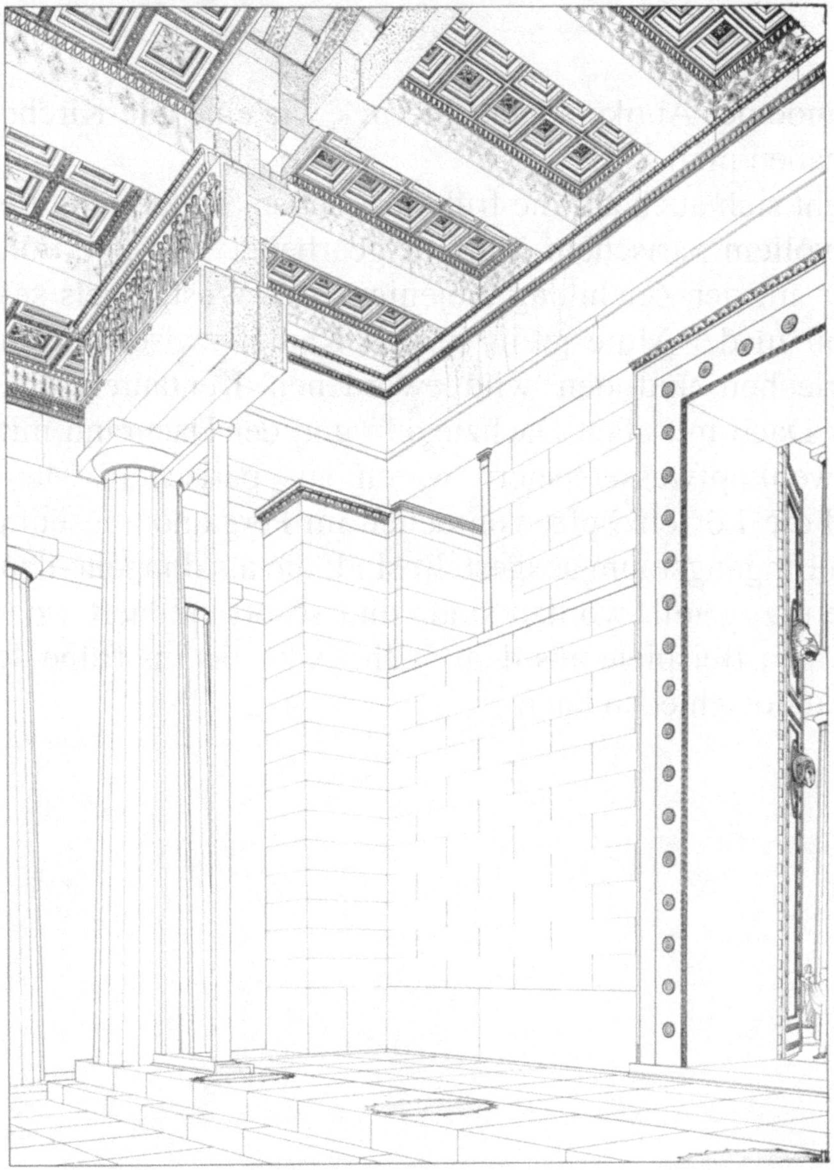

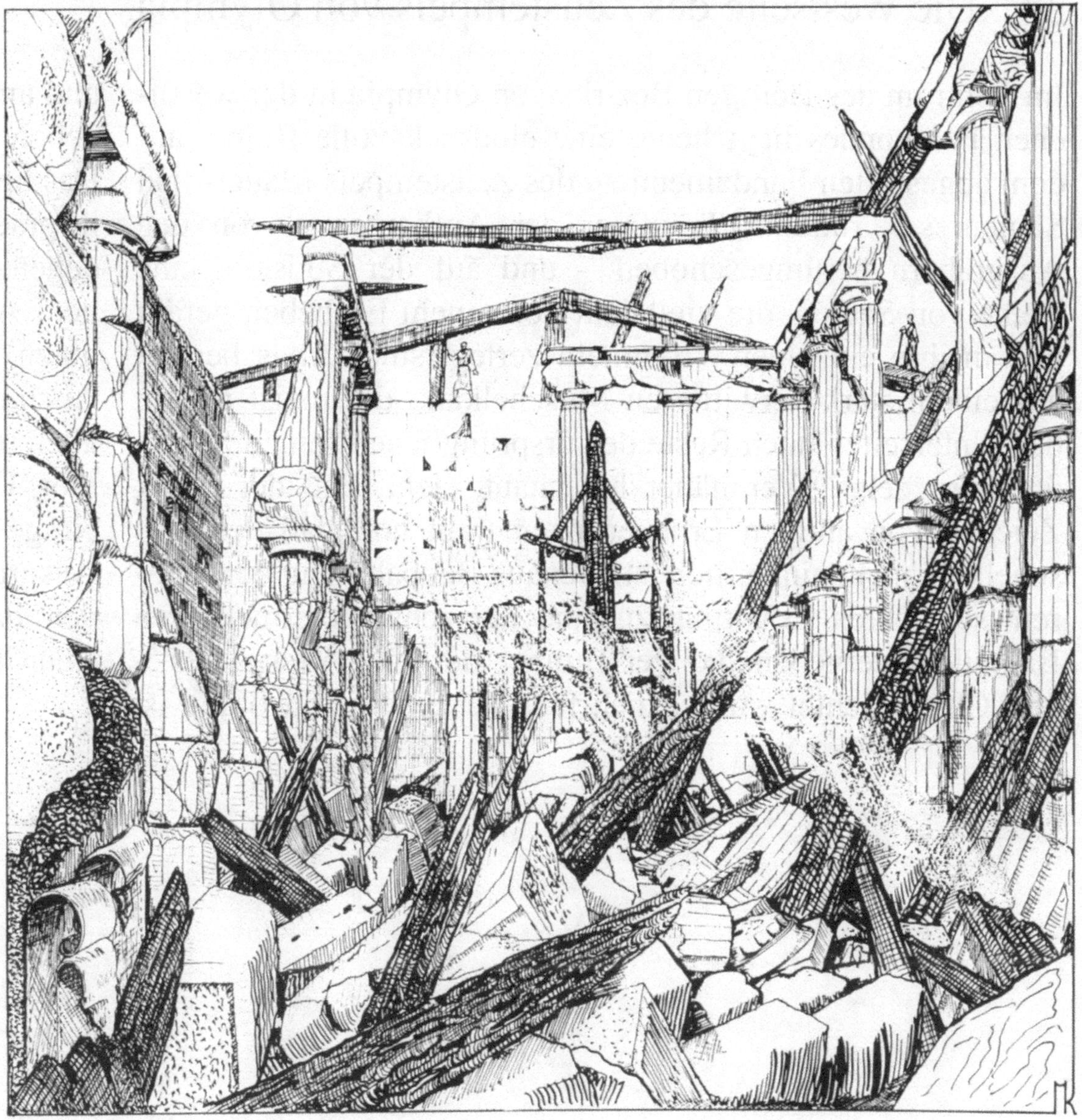

33. Die Westseite des Zeustempels von Olympia.

Im Zentrum des Heiligen Bezirks von Olympia in der westlichen Peloponnes liegt heute eine eindrucksvolle Ruine: auf dem abgestuften Fundamentbau des Zeustempels Mauer- und Säulenreste, rundum Trümmer der Aufbauten – von den Ausgräbern herumgeschoben – und auf der Südseite eine Reihe von Säulen, die vielleicht von einem Erdbeben gefällt und in ihre einzelnen Trommeln zerlegt sind. Alles besteht aus einem stark verwitterten Muschelkalk, der meist nur an den Unterseiten noch Reste des ursprünglichen feinen Stucküberzugs zeigt. Wer näher hinschaut, sieht, daß der Stuck Zeichen von antiken Erneuerungen trägt und daß der Muschelkalk nicht einheitlich ist. Genaue Beobachtung der in ihrem schlechten Erhaltungszustand nur schwer vermeßbaren Bauteile hat ergeben, daß der Tempel, der im 2. Viertel des 5. Jh.v.Chr. errichtet wurde, mehrfach ausgebessert worden ist und am Ende der Antike einen Eindruck wie eine alte Kirche geboten haben muß.

Das bezieht sich auch auf die frühklassischen Skulpturen, die in prachtvollem parischem Marmor gearbeitet sind und von denen wir auf der Zeichnung diejenigen des Westgiebels sehen: Apoll in der Mitte greift in den Kampf zwischen den guten Griechen und den wildgewordenen Kentauren ein. Auch das Dach mit allen Dachziegeln und der Dachrand mit allen Löwenkopfwasserspeiern waren aus parischem Marmor. Und die Löwenköpfe, von denen im Pergamonmuseum einige im Eingangsraum ausgestellt sind, die als doppelte den Ausgräbern zugeteilt worden sind, sind so oft erneuert worden, daß man Beispiele aus dem 5. Jh.v.Chr. bis ins frühe 4. Jh.n.Chr. unterschieden kann.

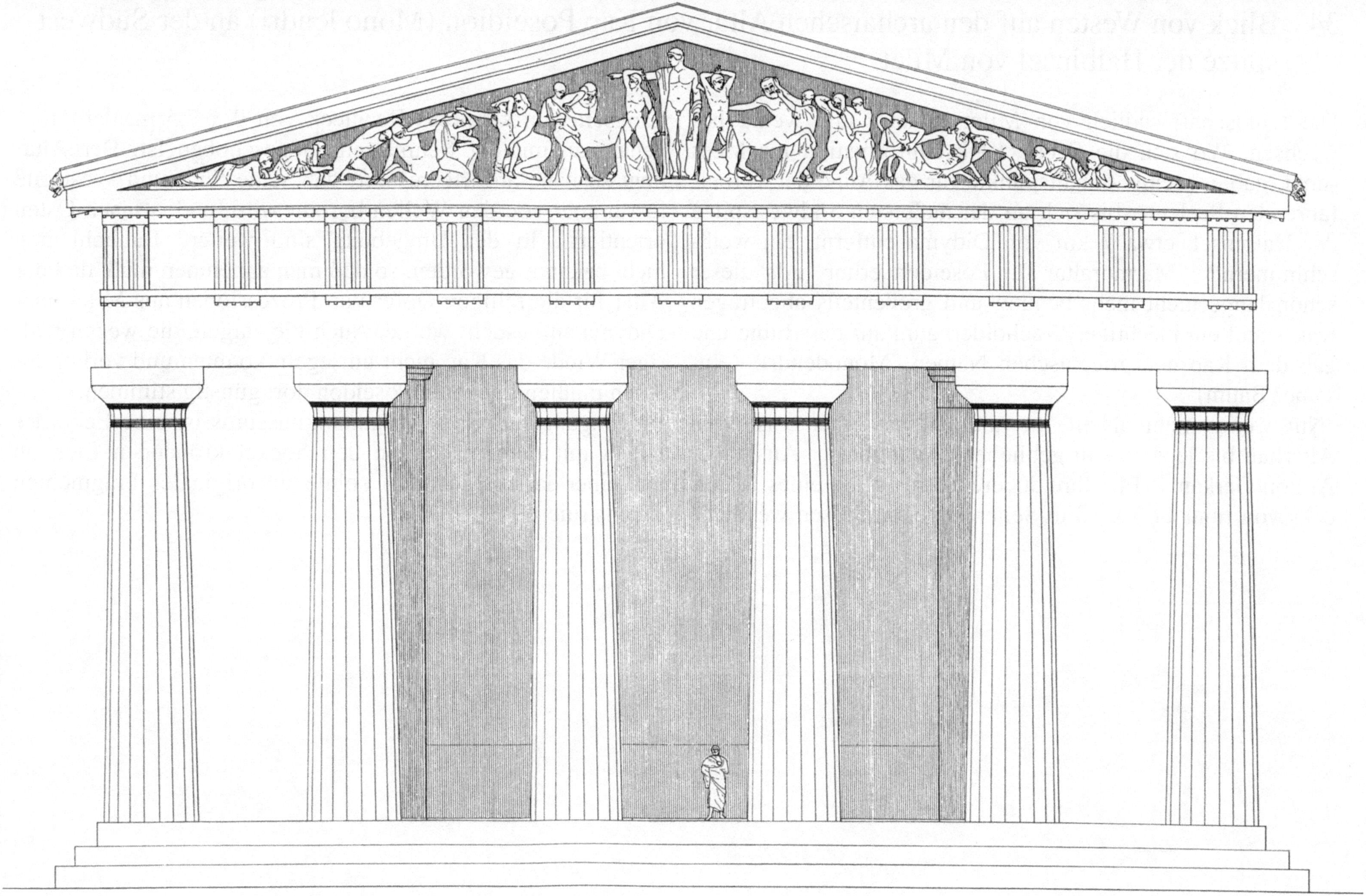

34. Blick von Westen auf den archaischen Altar von Kap Poseidion (Monodendri) an der Südwestspitze der Halbinsel von Milet.

Die Landschaft südlich von Milet ist karg und wenig bewachsen. Wo sich die flache Kalksteinformation ins Meer senkt, gab es wenig Anhaltspunkte für das Auge der vorbeifahrenden Seeleute, bis sich an der äußersten Südwestspitze der Halbinsel, etwa 7 km von Didyma entfernt, ein weißschimmernder Marmoraltar für Poseidon erhob. Als dieser schon lange nicht mehr benutzt und großenteils abgetragen war, stand ein mächtiger Wacholderbaum auf der Ruine und gab dem Kap den griechischen Namen "Monodendri" (einsamer Baum).

"Nur wenig mehr als die gewaltigen Fundamente ist vom Altarbau bis jetzt in situ geblieben", schreibt der Ausgräber A. von Gerkan 1914. "Ihre äußere Form ist die eines Rechtecks von rund 11,5 x 10 m Seitenlänge, an dessen westliche Langseite ein kleineres Rechteck von 9 x 7,5 m, der Treppenanbau, mit der Schmalseite angeschoben ist. Der Altar liegt so nahe am Meeresufer, daß seine Süd- und Westseite fast immer von den Wellen bespült wird, und ist nach Osten orientiert". In der Umgebung sind weitere Baulichkeiten nicht bekannt geworden, so daß man annehmen muß, daß der Altar für die fälligen Opfer von Prozessionen aus Milet oder Didyma aufgesucht wurde. Auch diejenigen, die wegen widriger Winde das Kap nicht umsegeln konnten und vorher anlegen mußten, mochten Poseidon dort günstig stimmen.

Im Eingangsraum des Pergamonmuseums ist eine Ecke des Altars mit dem mächtigen den Sockel krönenden Eierstab und einer darauf ruhenden Volute aus originalen Fragmenten rekonstruiert.

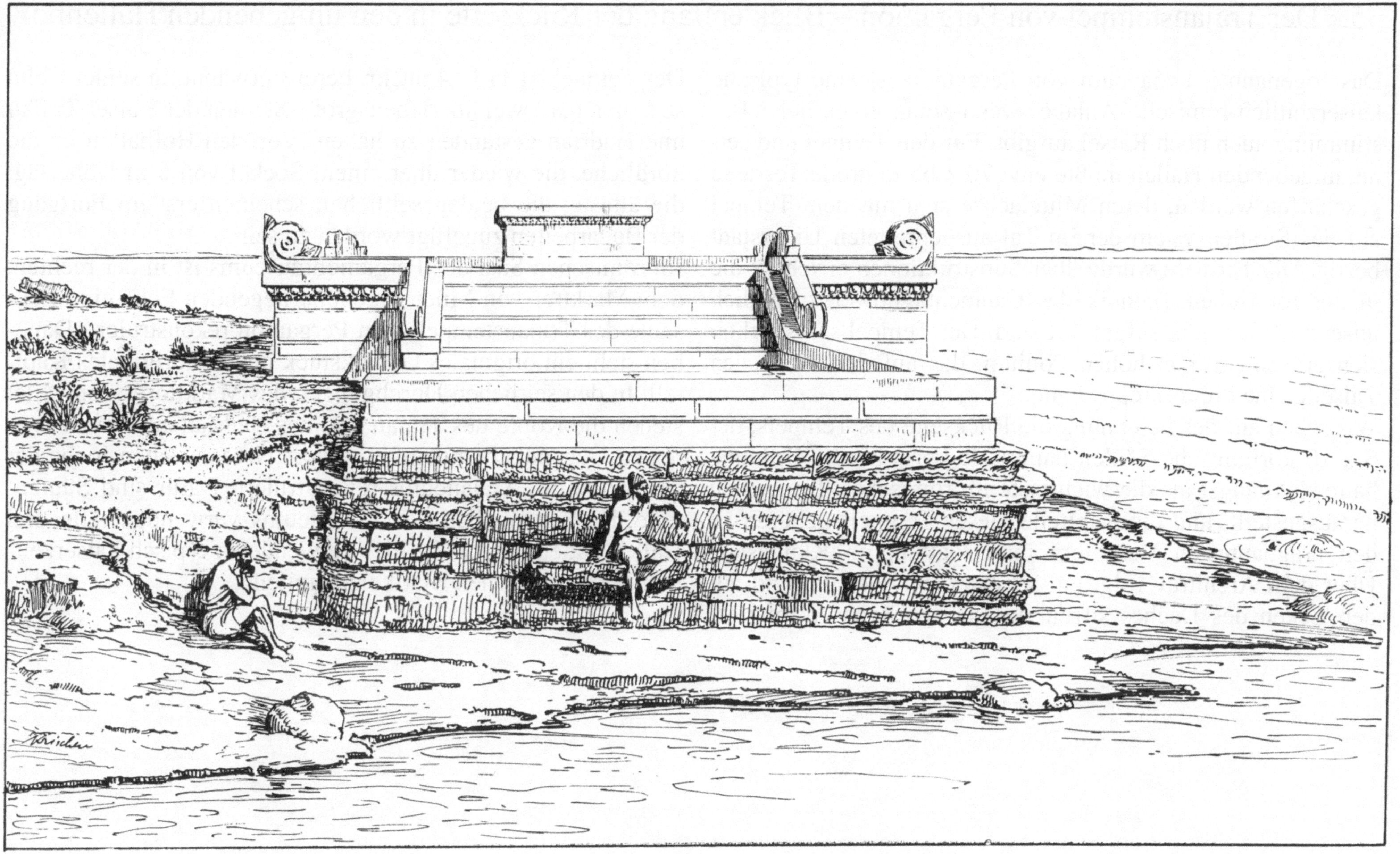

35. Der Trajanstempel von Pergamon – Blick entlang der Rückseite in den umgebenden Hallenhof.

Das sogenannte Trajaneum von Pergamon ist eine typische kaiserzeitlich-römische Anlage, wenn seine eigentliche Bestimmung auch noch Rätsel aufgibt. Für den Tempel und seine umgebenden Hallen mußte eine 70 x 65 m große Terrasse geschaffen werden, deren Mittelachse sich mit dem Tempel auf das Straßensystem der im Tal ausgebreiteten Unterstadt bezog. Die Terrasse wurde über Substruktionen errichtet, die in der römischen Technik des Caementagußwerks, ähnlich unserem Gußbeton, aufgeführt sind. Der Tempel selbst erhob sich auf einem 3 m hohen Podium, das auf der westlichen Talseite eine breite Treppe hatte.

Wir sehen auf der Zeichnung die Rückseite des Tempels, der 6 x 10 korinthische Säulen hatte. Die korinthische Ordnung hatte sich längst als die wichtigste im römischen Tempelbau herausgestellt, und die Kapitelle dieses Tempels gehören zu den prägnantesten Vertretern ihrer Gattung in Kleinasien. Über dem Architrav folgt ein sehr üppiges Gebälk, und auf den Ecken des Daches sitzen riesige figürliche Akroterien.

Der Tempel ist 113/14 n.Chr. bereits erwähnt, in seiner Cella scheinen u.a. zwei überlebensgroße Statuen der Kaiser Trajan und Hadrian gestanden zu haben. Von den Hofhallen ist die nördliche, die wieder über einem Sockel von 5 m Höhe lag, die älteste; die beiden seitlichen scheinen erst im Fortgang der Bauarbeiten zugefügt worden zu sein.

Im römischen Saal des Pergamonmuseums ist in der rechten, dem Markttor von Milet gegenüberliegenden Ecke eine Ecksäule des Trajanstempels von Pergamon rekonstruiert. Daneben steht ein originales Gebälkstück und ein originales Kapitell. In den seitlichen Durchgängen des Markttores von Milet stehen die Köpfe des Trajan und des Hadrian aus dem Trajaneum. Gegenüber sind auf erhöhtem Niveau sieben Joche der Nordhalle des Trajaneums rekonstruiert. Dafür sind Säulenteile der Seitenhallen des Trajaneums verwendet. Alle drei Hallen hatten jedoch die hier verwendeten typisch kaiserzeitlich-pergamenischen Blattkelchkapitelle.

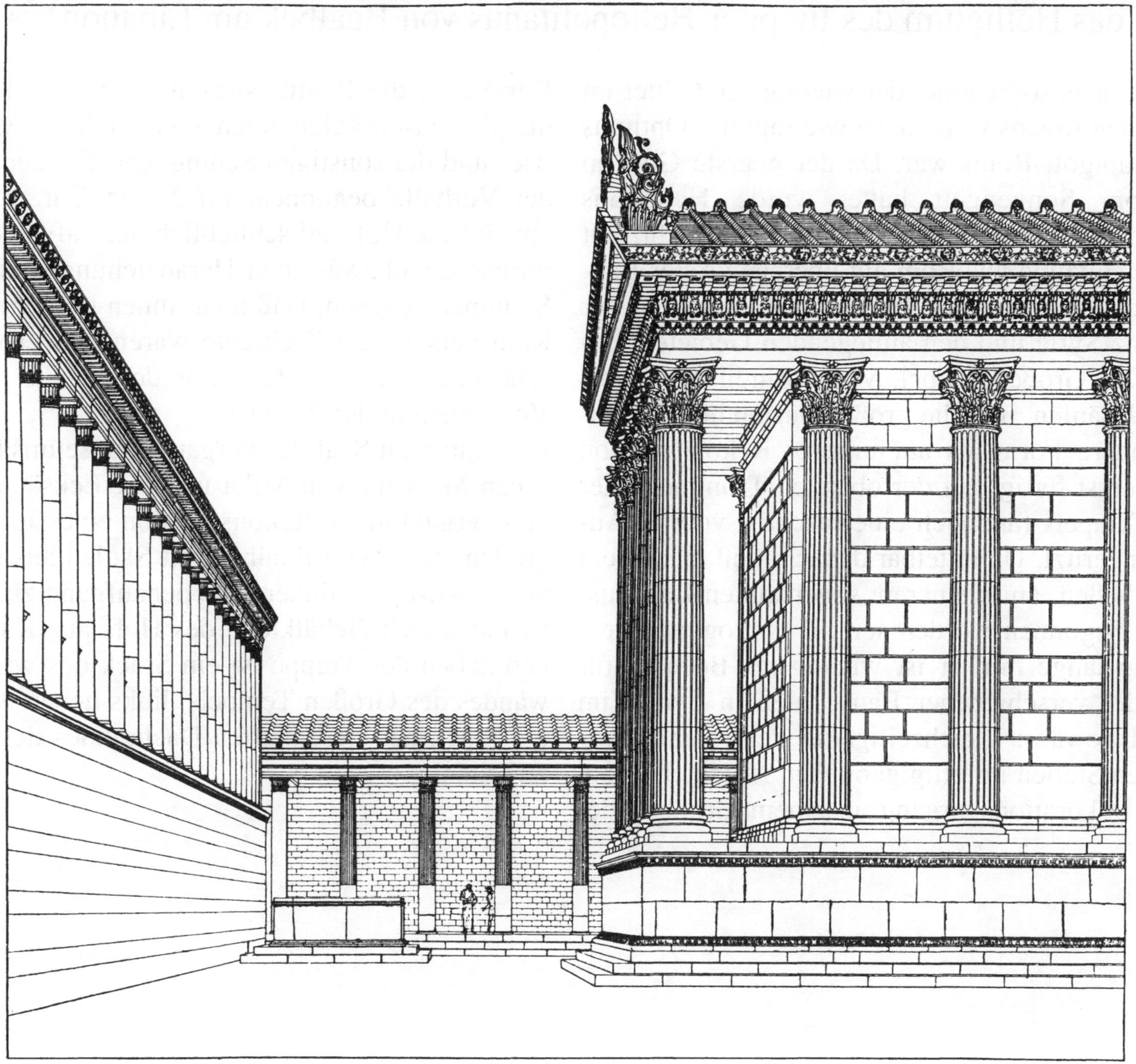

36. Blick auf das Heiligtum des Iuppiter Heliopolitanus von Baalbek am Libanon.

Iuppiter Heliopolitanus sollte einer der wichtigsten Götter im Osten des römischen Reichs werden, so wie Iuppiter Optimus Maximus der Hauptgott Roms war. Da der oberste Gott im Osten etwas vom Sonnengott hatte, wurde Heliopolis ('Sonnenstadt') sein Hauptort. Dort ist seit um 30 n.Chr. mit kaiserlicher Unterstützung aus Rom ein überaus großer Baukomplex entstanden, der zentrale Heiligtumsfunktion in der römischen Provinz Syria und den anliegenden Gebieten einnehmen sollte. Der Große Tempel, von korinthischer Ordnung mit 10 x 19 Säulen, und die großen dazugehörigen Altäre, die eine andere Form als auf unserer Rekonstruktion hatten, wurden zuerst fertig: auf der obersten Trommel einer der Säulen des Tempels fand sich eine Inschrift vom 2. August 60 n.Chr. eingeritzt. Unmittelbar danach muß, nach dem Baudekor zu schließen, am kleineren, sogenannten Bacchustempel zu bauen begonnen worden sein, doch zog sich dessen Fertigstellung lange hin: er ist wichtigstes Beispiel für das Nebeneinander verschiedener Bauschulen in Syrien im 2. Jh.n.Chr. und gewährt gleichzeitig, da der Architekturschmuck an vielen Stellen unfertig geblieben ist, einen tiefen Einblick in den Dekorationsvorgang an einem Großbau der Kaiserzeit: die Podiumswände sind zum Teil noch bossiert, die Peristasensäulen noch unkanneliert, Mäander, Figurenfries und die sonstigen Schmuckprofile der Cellawand nur in der Vorhalle begonnen. Im 2. Jh.n.Chr. wurden die Hallen am Großen Hof und schließlich der aufwendige Eingangsbau errichtet, und zwar unter Heranziehung wichtiger auswärtiger Steinmetzgruppen. Daß unter ihnen immer auch aus der Stadt Rom verschickte Fachleute waren, beweist das kulturpolitische Interesse des "Zentrums der Macht" an den religiösen Vorgängen in der Provinz.

Im römischen Saal des Pergamonmuseums befindet sich zwischen Markttor von Milet und der Ecksäule des Trajaneums von Pergamon die Rekonstruktion eines Jochs der Hallen des großen Hofes von Baalbek mit Säulen aus rotem Granit. Daneben sowie am linken Treppenaufgang zur Trajaneumshalle befinden sich Gebälkteile des Hofs aus Kalkstein. Links außen neben der Treppe ist ein Stück des wunderbaren Türgewändes des Großen Tempels, links neben der rechten Treppe ein Stück des riesenhaften Dachrandes des Großen Tempels zu sehen.

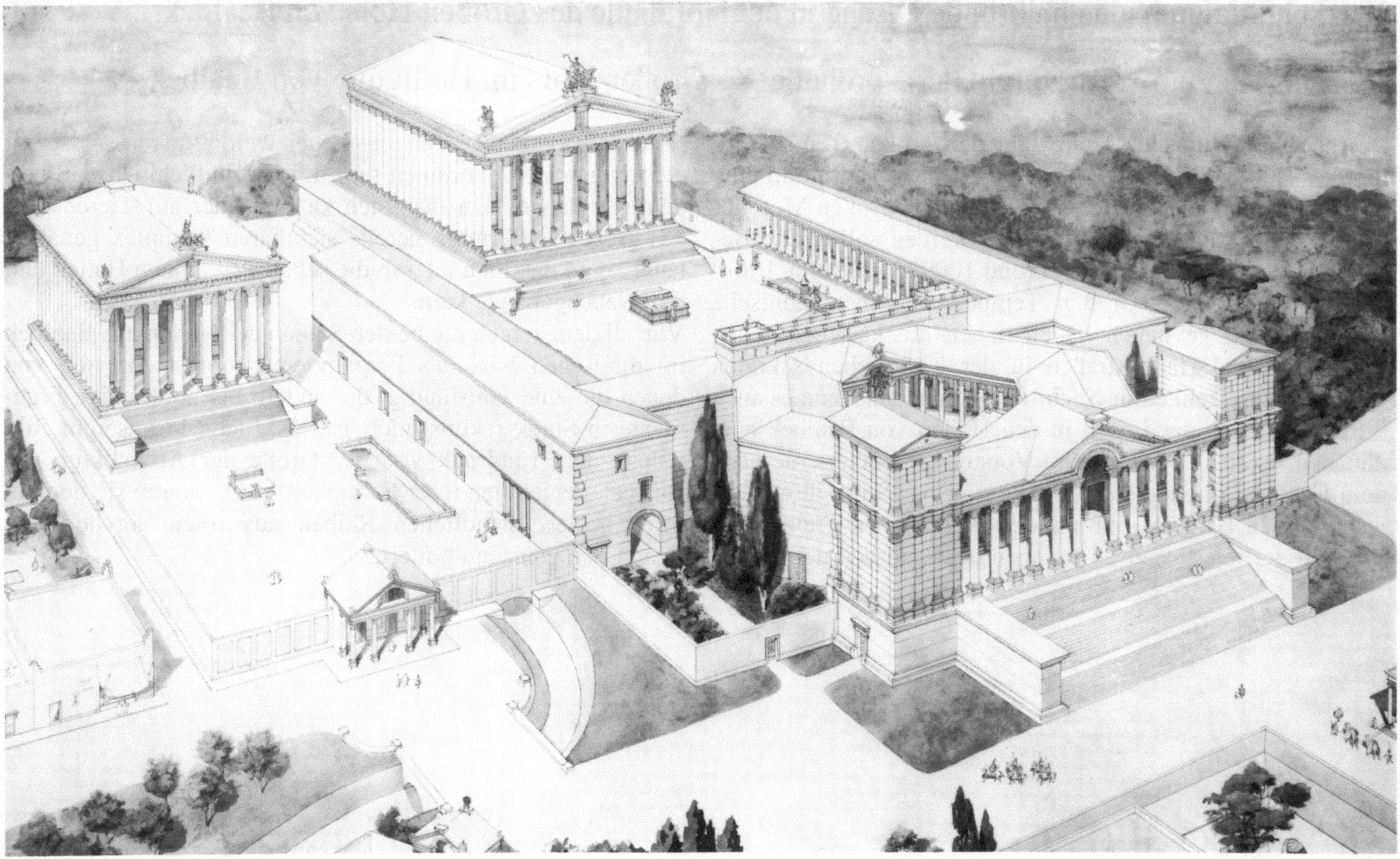

37a. Schnitt durch eine halbrunde Nische in der Nordhalle des Großen Hofs von Baalbek.

37b. Die Tür zum Westraum in der Nordhalle des Großen Hofs im Heiligtum von Baalbek.

Der große Hof um die Altäre und den großen Tempel des Iuppiter Heliopolitanus von Baalbek hat dem Heiligtum eine Monumentalität gegeben, die selbst von den großen Moscheen des Landes nicht wieder erreicht werden sollte. Die Bewältigung von 19 m langen und rund 1000 to schweren Blökken im Podium des Großen Tempels ist eine technische Höchstleistung geblieben. Doch haben die kaiserzeitlichen Hallenhöfe und Hallenstraßen in der islamischen sakralen und profanen Architektur Nachfolge gefunden. Wenn es auch schwerfällt, sich das Leben in den Hallen von Baalbek auszumalen, so richtet sich unsere Vorstellung doch gerne nach dem Getriebe orientalischer Städte und der Stille ihrer Gotteshäuser. In Baalbek muß zum marktähnlichen Treiben außen und der feierlichen Stille innen der Eindruck der Kolossalität der Bauten in der ungeheuer weitläufigen Landschaft der Umgebung gekommen sein. Zur Befindlichkeit muß beigetragen haben, daß man sich zu Fuß oder auf Tieren dem aus großer Entfernung bereits sichtbaren Komplex genähert hatte – und daß man jetzt in die schattigen, hohen Hallen und ihre Nebengebäude kam.

Von all dem zeigen die beiden Säulen der Hallen aus Baalbek im römischen Saal des Pergamonmuseums nicht viel, von denen die eine vollständig, die andere bis auf wenige Fragmente in Stuck rekonstruiert ist. Sie fügen in unserem Bild jedoch dem Eindruck von der Größe der Architektur von Baalbek denjenigen ihrer Farbigkeit hinzu, waren sie doch in ihren schier unendlichen Reihen aus rotem ägyptischem Granit und glänzend poliert.

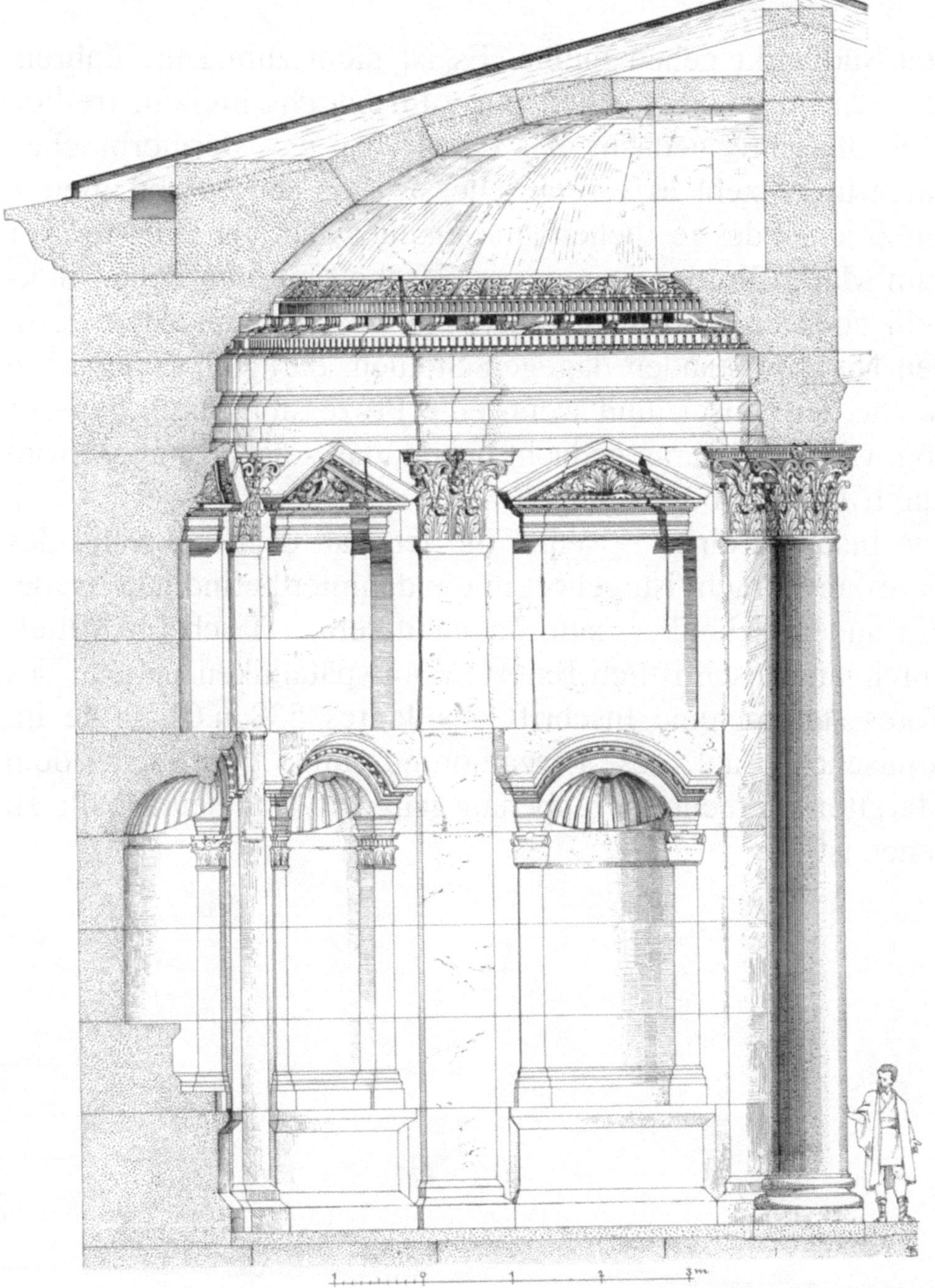
1 0 1 2 3m

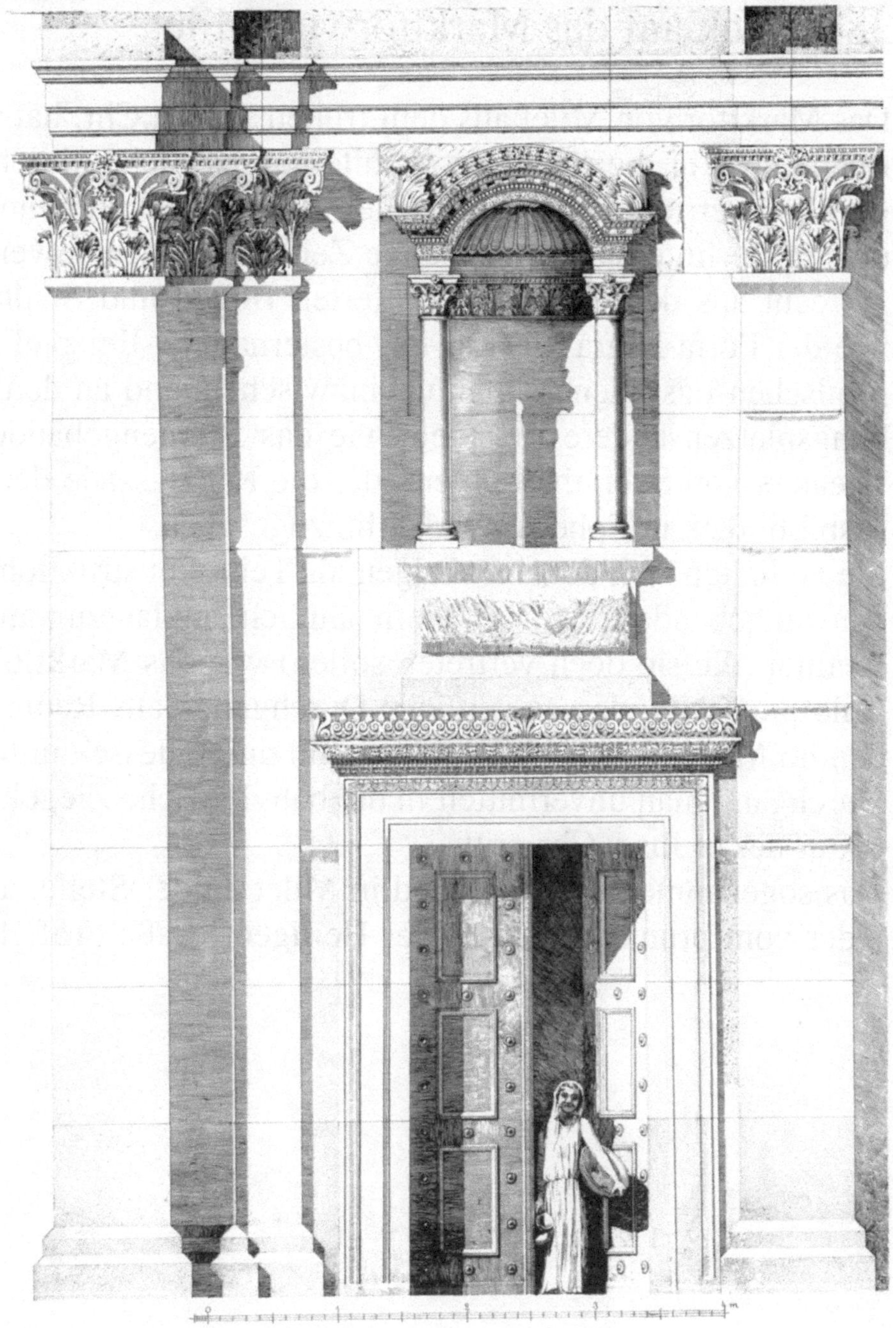

38. Blick auf das Markttor von Milet.

Das Markttor von Milet aus dem frühen 2. Jh.n.Chr. hat seine Bedeutung für die römische Architekturgeschichte durch seine Wiedererrichtung im römischen Saal des Pergamonmuseums in Berlin erhalten. Für lange Zeit war es neben wenigen aufrecht aus der Antike überlieferten Bögen und Stadttoren wie der Porta Nigra in Trier das besterhaltene Beispiel einer römischen Fassadenarchitektur; inzwischen sind an den Grabungsplätzen andere Beispiele wie das Bühnengebäude des Theaters von Sabratha/Libyen oder die Platzfassade der Celsusbibliothek in Ephesos/Türkei hinzugetreten.
Sie verhalten sich dort im übrigen als Teilrekonstruktionen in den umgebenden Ruinenfeldern ähnlich unklar zur antiken Realität (die sie doch vertreten sollen) wie das Markttor von Milet in Berlin, dessen seitliche Durchgänge aus Raumgründen im Museum geschlossen sind und durch dessen mittleren Durchgang man unvermittelt in die babylonische Ziegelarchitektur des 6. Jhs.v.Chr. tritt.
Das sogenannte Markttor stand in Milet an der Stelle, an der jeder vom prunkvollen Teil der Heiligen Straße (Taf. 18) in den Südmarkt gehen mußte. Es ist nicht zum Durchfahren, sondern mit seinen Stufen nur zum Durchschreiten, freilich auch für Tiere, gedacht. Als Gliederbau aus Marmorblöcken aufgeführt, steht es zweigeschossig vor den Markthallen – ein Zeichen des festlichen Durchgangs eher, als Tür oder Tor zum Markt. Weder im unteren Geschoß mit den hohen Sokkeln noch etwa im Obergeschoß ging je jemand umher. In den Nischen standen dagegen Statuen, darunter sicher auch solche der Kaiser, und wenn eine Prozession durch das Tor zog, wird man daran gedacht haben, daß solche Züge in Rom durch Triumphbögen gingen.
Die Inschrift eines Friseurs, die jetzt an der Rückwand des Tores angebracht ist, gehört in die dahinter befindliche Halle. Ein anderer Händler hatte dagegen seinen Tisch im Mitteldurchgang inschriftlich fixiert. Vom spätantiken Umbau des Tores stammt eine Inschrift des Jahres 538 n.Chr., die im römischen Saal des Pergamonmuseums gegenüber dem Markttor am rechten Treppenaufgang zur Trajaneumshalle zu sehen ist.

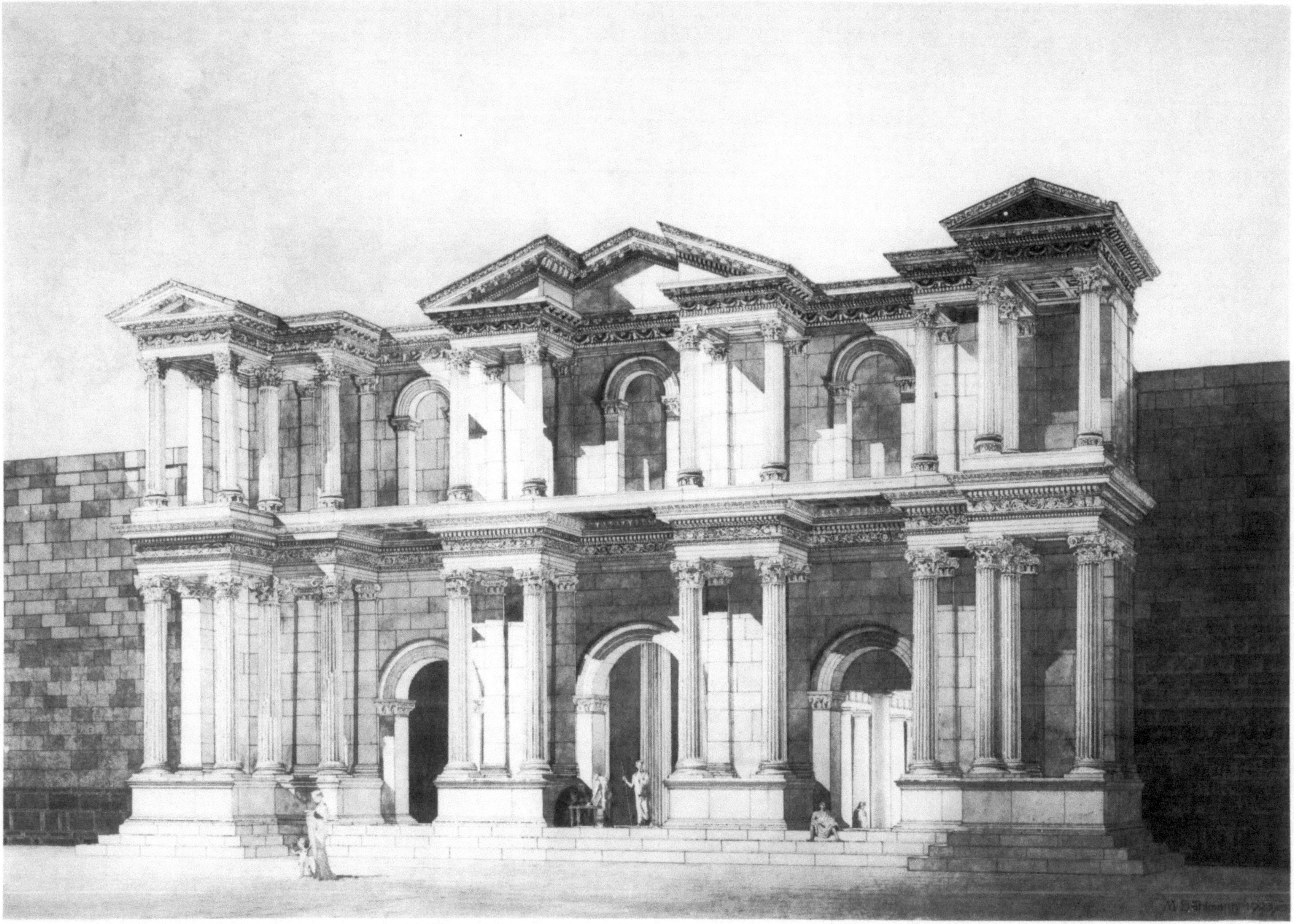

Antike Architektur im Bild – Literatur

Allgemein:	G. Gruben, Die Tempel der Griechen 1986[4]
	W. Hoepfner-E.L. Schwandner, Haus und Stadt im klassischen Griechenland 1986[1], 1994[2]
	F. Krischen, Die griechische Stadt 1938
	ders., Antike Rathäuser 1941
Priene:	Th. Wiegand-H. Schrader, Priene 1904
	M. Schede, Die Ruinen von Priene 1964[2]
	G. Kleiner, Paulys Realencyclopädie Suppl. IX 1962, 1181-1221
Magnesia:	C. Humann-J. Kohte-C. Watzinger, Magnesia am Mäander 1904
Milet:	Th. Wiegand (Hsg.), Milet I 2 (Rathaus v. Milet, 1908); I 4 (Poseidonaltar Kap Monodendri, 1915); I 6 (Nordmarkt, 1922); I 7 (Südmarkt, 1924)
	G. Kleiner, Die Ruinen von Milet 1968
Monodendri:	siehe Milet I 4, 1915 (A. von Gerkan)
Pergamon:	Königl. Museen zu Berlin, Altertümer von Pergamon II (Heiligtum der Athena, 1885); III 1 (Der Große Altar – der obere Markt, 1906); V 2 (Das Traianeum, 1895)
	W.v. Massow, Führer durch das Pergamonmuseum 1936
	W. Radt, Pergamon – Geschichte und Bauten, Funde und Erforschung einer antiken Metropole 1988
	W.-D. Heilmeyer (Hsg.), Der Pergamonaltar – Die neue Präsentation nach Restaurierung des Telephosfrieses 1997
Didyma:	Th. Wiegand (Hsg.), Didyma I 1941
	K. Tuchelt, Branchidai-Didyma 1992
Penteli u. Athen:	M. Korres, Vom Penteli zum Parthenon, Ausst. Glyptothek München 1992; Athen 1995
	P. Tournikiotis, The Parthenon and its impact in modern times 1994
	Zum Parthenon und seinen Vorgängern zuletzt: M. Korres in: W. Hoepfner (Hsg.), Kult und Kultbauten auf der Akropolis, Symposion Berlin 1995 (1997), 218-243
Olympia:	A. Mallwitz, Olympia und seine Bauten 1972
	P. Grunauer, Der Zeustempel in Olympia – neue Aspekte, Bonner Jahrbücher 1971, 114-131
Baalbek:	Th. Wiegand, Baalbek I-III 1921-1925

Taf.

1 J. Wendel aus Hoepfner-Schwandner 1986[1] Abb. 144
2 A. Zippelius aus Hoepfner-Schwandner 1994[2] Abb. 216
3 W. Hoepfner aus Hoepfner-Schwandner 1994[2] Abb. 204
4a F. Krischen und E. Neumann aus Krischen 1938 Taf. 11
4b U. Juch-Neubauer aus Hoepfner-Schwandner 1994[2] Abb. 212
5 F. Krischen und H. Horn aus Krischen 1938 Taf. 21
6 F. Krischen aus Massow 1936 Abb. 19
7 F. Krischen aus Massow 1936 Abb. 16
8 F. Krischen und H. Horn aus Krischen 1938 Taf. 26
9 F. Krischen und B. Meyer aus Krischen 1938 Taf. 29
10 F. Krischen aus Krischen 1938 Taf. 30
11 F. Krischen und H. Horn aus Krischen 1938 Taf. 38
12 F. Krischen und H. Horn aus Krischen 1938 Taf. 19
13 F. Krischen und G. Hurd aus Krischen 1938 Taf. 24
14 F. Krischen und H. Horn aus Krischen, 1938 Taf. 39
15 F. Krischen aus Massow 1936 Abb. 22
16 F. Krischen und H.E. Hoffmann aus Krischen 1938 Taf. 12
17 H. Knackfuß aus Milet I 2, 1908 Taf. 14
18 F. Krischen und B. Meyer aus Krischen 1941 Taf. 2

Taf.

19 F. Krischen und G. Wischke aus Krischen 1938 Taf. 13
20 F. Krischen und B. Meyer aus Krischen 1938 Taf. 27
21 F. Krischen aus Krischen 1941 Taf. 5
22 A. von Gerkan aus Milet I 6, 1922 Taf. 28
23 F. Krischen aus Massow 1936 Abb. 30
24 I. Arvanitis aus Heilmeyer 1997, 39 Abb. 19
25 W. Hoepfner und J. Bosholm aus Heilmeyer 1997, 48f. Abb. 31 unten
26 I. Arvanitis aus Hoepfner-Schwandner 1994[2] Abb. 43a
27 G. Niemann aus Didyma I Taf. 1
28 M. Korres aus Penteli 1992 Taf. 12
29 M. Korres aus Penteli 1992 Taf. 18
30 M. Korres aus Penteli 1992 Taf. 19
31 M. Korres aus Penteli 1992 Taf. 22
32a M. Korres aus Tournikiotis 1994 S. 85
32b M. Korres aus Tournikiotis 1994 S. 141
33 P. Grunauer aus BJb. 1971 Taf. 12
34 F. Krischen aus Milet I 4, 1915 Taf. 26 oben
35 F. Krischen aus Massow 1936 Abb. 48
36 Bruno Schulz aus Baalbek I 1921 Taf. 16
37a Bruno Schulz aus Baalbek I 1921 Taf. 33
37b Bruno Schulz aus Baalbek I 1921 Taf. 29
38 M. Bühlmann aus Milet I 7, 1924 Taf. 20